JN092402

Princípios da

crítica de futebol

サッカー批評原論

ブラジルのホモ・ルーデンス

今福龍太

コトニ社

ブラジル【**Brasil**/braźiɫ/】人間の下半身のゆらぎとボールの偶然の運動性とのあいだに一つの美学を打ち立てようとする、ある精神共同体の名。あらゆる固定的イデオロギーや規則はこの符牒を旗印として戴くことで相対化され、無化される。南アメリカに位置する一国家の名称との類似は偶然の一致に過ぎない。

ホモ・ルーデンス【Homo ludens/houmou lu:dəns/**】** ホモ・サピエンス（知る人）ではなく、ホモ・ルーデンス（遊ぶ人）。遊びへの人間の指向性をすべての文化的創造に先行するものとして本質的にとらえたオランダの文化史家ヨハン・ホイジンガが「ヒト」にあたえた新たな学名。勝つための遊び、負けないための遊びだけが蔓延する現代社会のなか、「遊戯」への消費的現実に埋没した人間を解放する、「遊び」そのものをたえず改変・更新しつづける人間にこの特権的な名が与えられる。

まえがき

本書は、「ブラジル・サッカー」を思索をつむぎだす一つの理念的起点＝準拠点とし、運動としての原‐サッカーそのものがはらむ機知と美学と遊戯性を方法論として援用しながら、現在の「サッカー」を批評的に論じようとしたものである。ただ、ここでいう「ブラジル・サッカー」とは、ブラジル（という国）のナショナルチームによって体現されてきたサッカースタイル（そのようなものがあるとして）のことではない。また、かならずしもブラジル国内で行なわれているサッカーに特徴的な技術や文化のことでもない。ここでいう「ブラジル」とは、国家でも領土でもなく、人間の身体をふたたび野生に向けて解放するための至高の精神共同体として名づけられたユートピア的な宇宙のことである。そのような想像の野生の王国で深く「遊ばれ」（ジョガール＝遊ぶ）ているサッカーこそが、ここで夢見られている、いまだほんとうには実現されていないかもしれない、真の「ゲーム《ジョゴ》」としてのサッカーである。

ブラジルの遊戯人《ホモ・ルーデンス》たちは、そんなサッカーを愛し、強く希求する。社会のルールや秩序や要請に流されていくのではない、サッカーがサッカーでありうる美学と遊び心を守り抜き、そのアートが一瞬でも達成されるゲームの刹那を愛し、その瞬間に昂揚し、その昂ぶりのふたたびの到来を待ちわびる。その強い期待の心が、サッカーへの厳格な哲学と倫理学を自分に、人々に、社会に、そしてプレーヤーたちに要求する。

この美しく遊戯的な運動原理は、サッカーと呼ばれるだけでなく、私たちの知性と精神性をつかさどるべき大切な意識の拠点として、さまざまな名で呼ばれうるかもしれない。それは生身の身体への深い帰依にもとづく、批評的知性・遊戯的感性のモデルでもある。そしてそうした原‐サッカーであり汎‐サッカーでもある精神の探究に向けて、私はここで「競技」として成立したサッカーの歴史と現在を厳しく批評の俎上にのせ、サッカーをめぐる言説を問い直し、その臨界を見きわめようとした。本論を形成する11の章は、そのような意図のもとに書かれた「サッカー批評」のための「原論」というべき考察である。

私はここで、サッカーの現状分析をしたのではない。むしろ、現状において競技的サッカーがいかに「サッカー」なる理念から遠ざかりつつあるかという視点を批評の支えとしながら、ブラジルのホモ・ルーデンスたちが遊ぶ未踏の領野、不可視の祝祭のスタジアムをいかに展望しうるかを粘り強く、サッカー的機知を込めて探究しつづけたつもりである。

本書は、生きるためのサッカーがどれほど人間にとって豊かな恩寵になりうるのかを、資本主義とテクノロジーの行き着く果てに広がる砂漠に向けて問いかけようとした、一つの「発見法《ヒューリスティクス》」をめぐる試みである。砂漠の夜明けを信じて進む、たった一人かもしれないキャラバンによって夢想された……。

目次

前半
Primeiro tempo

後半
Segundo tempo

アディショナルタイム

前半

Primeiro tempo

序論

0 「サッカー批評」とは世界批評である

ごく基本的なところからはじめよう。日々届けられる新聞のなかにはかならず「スポーツ面」がある。新聞というメディアのなかに「スポーツ紙」なる特化した領域がある。ＴＶの報道番組にはスポーツニュースのコーナーがあり、書店の雑誌の棚には数多くのスポーツ誌が並び、それらの多くは個々の競技に専門化したサッカー誌、テニス誌、ゴルフ誌、登山誌等々である。スポーツ漫画、スポーツ小説、スポーツ映画、スポーツ・バー……。一般的・集合的な文化社会活動のジャンルに「スポーツ」という文字をかぶせるだけで、そこに特権的で、不思議に和気あいあいとした共同体幻想が生み出される。

私たちの生きる社会のこんな日常的な光景は何を意味しているのだろう？　簡単にいえば、政治とも、経済とも、金融とも区別された「スポーツ」なる小世界が、まちがいなく存在すると私たちの多くが考えている、という事実だ。ここでは、スポーツは人間の生活世界の多分に娯楽的な部分集合として領域化され、囲い込まれ、そのなかで自己完結した内向的な情報と言説がめぐっている。だがいうまでもなく、この特化された世界のなかで空しく再生産され続ける紋切り型のスポーツ情報こそが、世の大半のスポーツファンが共有したい幻想のほとんどすべてである。スポーツそのもののもたらす快楽以上に、それが生み出す「情報」を消費することのほうを求めてしまう大衆。スポーツという楽園の内部にいてそれに受動的にひたり続けているあいだは、ストレスと不正と抑圧に満ちた社会に押しつぶされかけている自分が、ほんとうの自分を取り戻せるという錯覚。スポーツは、いまやあたかもそれ自身が社会のリアルな権力の政治学の世界からとりあえず自律して成立しているかのごとく、自らの「スポーツ」という聖域の存在を容認し、それを誇示し、その幻想のなかに人々を動員することにひたすらかまけている。

そしてまさに、こうしたスポーツを聖別化する日常の構造の延長線上に、現在の「スポーツ評論」というジャンルが、したり顔で居座っている。スポーツ評論、スポーツ評論家、スポーツ・ジャーナリズム、スポーツ・ライター……。それがどのように呼ばれようと、またそれがいかに感動的な物語をつむぎだそうと、その内実は、スポーツという聖域の存在を無条件に肯定し、それを言説の純粋かつ排他的な対象として聖別化し、称揚する（あるいはときにスポーツという聖域への自己幻想がかなえられないといって注文をつける）という行為の不毛な繰り返しでしかない。スポーツ評論とは、スポーツという楽しげな小世界のなかで永遠に夢が見られるという錯覚によって成立しているのだ、といいかえてもいい。さらに現代では、学問の世界にもこうしたスポーツの聖別化の動きは広がっており、「スポーツ社会学」「スポーツ哲学」「スポーツ人類学」といったサブジャンルをナイーヴに信奉する人々が、あたかもスポーツだけを学問的言説の対象として分離できるかのごとき幻想に陥りながら、社会学や人類学の余禄に与って嬉々としている。

「スポーツ評論」やスポーツ・ジャーナリズムとは、結局、自己と社会とがさまざまな制度的限定を被りつつ生きる「世界」というリアリティと直接対峙することを無意識のうちに回避し、幻想のなかにつくりあげた「スポーツ」という安心の聖域と自己陶酔的な関係をとりむすんで、そのなかで生きのびようとする、きわめて自閉的かつ逃避的な言説の衝動なのである。そしてそうした衝動から、現代人はなかなか自由になることができない。

「サッカー評論」というジャンルがあるとすれば、それも、同じ自閉的な世界への後退の欲望を免れていない。しかも重要なのは、そうした言説の後退が、無自覚のうちに行われていることだ。各国のプロリーグの状況とゲームの勝敗をめぐる情報の中に自閉した日々の言説については語るまでもない。「評論」という構えをとった文章にしても、聖別化されたサッカーそのものの存立根拠を問い直すものなど皆無である。勝ち負けを追うだけの上滑りの、社会現象を追うだけのトレンド指向的な、言説のマーケティング的価値に依りかかった時評的・刹那的な、記号消費的な言説の氾濫……。そうかと思えば一方では、健全を旨とする青少年スポーツ倫理に適合させてサッカーを教育論的に論じ、あるいはサッカーを国際交流の手段として安易に正当化しながらナイーヴなスポーツ平和論を唱えるといった、いわゆる退屈な「正論」の氾濫もある。どちらにしても、サッカーをサッカーのために論じているという無意識の錯覚が語りを自閉化させ、幻想的なサッカー共同体への安易な寄り掛かりが言葉の批判力を失わせる。こうして「サッカー評論」は、いまのところ、あらゆる「スポーツ評論」が陥っている言説の落とし穴に同じようにはまりながら、不毛な空回りを続けている。

●

そこで要請されるのが「サッカー批評」である。なによりもまず確認すべきは、「サッカー批評」とは「サッカー評論」ではない、という文字どおりの事実だ。対象化された聖域のなかで幻想的・自己満足的な言説を繰り出すこともできるのが「評論」（コメンタリー）の世界だとすれば、「批評」（クリティーク）という行為はそもそもそうした書き手の主体性を、現実から隔離することが不可能な行為である。なぜなら批評とは、なによりも、思考対象への批評以前に、言説の生産者たる自己と自己が生きる社会への徹底したクリティークによって、批評的言説の生産の場自体を相対化することからしか、はじまらない行為だからである。したがって、サッカー批評とは、サッカーというものが成立する歴史的・社会的・文化的・政治的文脈へのトータルな批評行為であり、それはすなわち、サッカーに対峙する私たち一人一人の人間の生存条件への徹底した批判力をも含み込んだものでなければならない。私たちがサッカーをし、サッカーを見、サッカーについて語る現実と、社会のリアリティの生産とが、いかに深く、複雑にかかわり合っているのか、という批判意識こそが、サッカー批評のすべての出発点になるからである。

　そしてサッカーと世界とは、たしかに特別に魅力的な形態によって、深く複雑にかかわり合っている。サッカーを見、サッカーを語ることで、私たちは、このアクチュアルな「世界」を見、「世界」を語るもっとも効果的な方法論の一つを手に入れることができる。そして私は、まさにサッカー批評をつうじて、近代の「歴史」そのものへの批評、二〇世紀という時代へのの批評、ひいては二一世紀へと移った現代の「世界」批評が可能だと考えているのである。

あまり先を急ぎすぎるのはやめよう。「サッカー批評」の可能性について考えるための一つの面白い切り口は、野球批評との対比である。文芸批評家の渡部直己氏が、精力的な野球批評家でもあることはよく知られている。『プロ野球観戦学講座』『日本プロ野球革命宣言』といった渡部氏の野球論の著作は、日本のプロ野球という徹底して具体的な現場に言説的に介入しながら行われた、興味深い批評行為だった。そして渡部氏のような野球論が面白い理由は、まさにそれが一種の「暴論」としてつくられているという点に求められる。投手起用にあたって「勝利の方程式」などといった退屈な継投策で安全を期すのはやめて、一人の投手に涼しい顔で一試合を任せるだけの度量を監督は持て。年俸査定にゲームを美しく挑発した「芸術点」を加えよ。役割への退屈な忠誠しか生まない打順という固定観念を捨てて、もっともよく打つ打者にもっとも打席の回る一番をつねに与えよ。九回裏の逆転のために、あえて一、二点のリードを敵に与えておく程度の芸を発揮せよ……。こうした渡部氏特有の論調は、たしかに野球の「セオリー」からかけ離れた「暴論」であるにはちがいないが、しかし、セーフ／アウト、表／裏というデジタル変換に本質的にもとづく野球という徹底して資本主義的・パラノイアックな構造を持った競技への痛快な挑発は、まさにこうしたスキゾフレニックなすがすがしき「暴論」によってのみ行われうる。渡部氏の「野球批評家」としての戦略も、いうまでもなくそこにあったのである。

　こうした野球を対象とした批評行為は、おおかれすくなかれ、一種の「暴論」としてつくられていることによって批評としての新味をつくりだす。熱狂的な阪神ファンでもある柄谷行人氏がときに言及する野球的比喩も、蓮實重彦氏や草野進氏の非常に修辞学的な「プロ野球批評」も、ある意味で同じ構造によってつくられた批評である。そこでの批評がよって立つ水準とは、いわば修辞的な方法論としての水準であり、その暴論としての反語的・逆説的レトリックのなかに、ある意味で、野球を超えた現実の社会への諷刺と批判が込められていることになる。

　しかしサッカー批評が成立する水準は、およそ野球批評とは異なっている。野球において成り立っていた修辞学的「暴論」の構造が、サッカーにおいてはまったく機能しないからだ。快楽、遊戯性、美意識。野球論においては暴論でしかなかったこうした価値の宣揚が、ひとたびサッカーに向けて行われたとき、それらは暴論どころか、見事に的確なサッカーの潜在的本質を開示する言説になってしまうのだ。野球批評においてはレトリックに遊ぶことができたものが、サッカーにおいては、そうした暴論的「遊び」は通用しなくなる。いいかえれば、批評的言説が、逆説的なレトリックによってではなく、まさに真っ向からストレートに対峙せざるを得ない何かが、サッカーにはあるということなのだ。

その何かとは、おそらくサッカーという競技の本性にかかわっている。本書でこれから本格的に論じていくことになるが、サッカーという運動領域は本質的に近代スポーツの競技性をどこかで裏切ってゆく部分がある。勝敗による決着、ルールによるゲームの文法化、得点という数学的均質性の導入、国家による競技者や競技会の占有……。これらの近代スポーツとしてのサッカーが身につけた属性は、どこかで、サッカーの示す混沌とした原初的な運動性によって裏切られているのだ。そしてサッカー自体が、原型的には、快楽とか気まぐれとか審美性とか遊戯性といった反近代的生産原理によって成立しているとすれば、サッカーの本質をえぐりだそうとする批評は、そのまま近代世界批判へと、見事に接続されることになる。あえて大胆な言い方をすれば、近代世界に対して「サッカー」というもの自体がすでに「批評」的な構造を持っている、ということなのだ。つまりサッカーは、近代世界のメカニズムと無意識とを照らし出し、その欠陥を露呈させる、批評の武器そのものなのである。サッカーは批評の「対象」であるばかりでなく、それ以上に、見事な批評の「方法」となりうるのだ。

こう考えたとき、「サッカー批評」という行為の特権性が明らかになる。サッカー批評は、サッカーを対象化し、サッカーを語りつつ、まさにサッカー的な批判力をサッカーを成立させる政治的・社会的な文脈への批評へと展開してゆくことで、そのまま近代の「世界」自体を語り、批判することが可能となるからである。

現在、サッカー論を文化批評（カルチュラル・クリティーク）として行うときに要請される最低限の知的水準も、このあたりにある。サッカーを近代スポーツ競技の内部に囲い込むのではなく、近代世界とさまざまな乖離を示しつつも、近代国家原理によって巧みに占有されながら飼い慣らされ、そうした乖離を隠蔽されてきたサッカーの本性を、いま明るみに出すこと。いわば、近代国民国家原理のなかで構造化されてしまったサッカーを、より原初的な身体運動の原理によって救い出すこと。そのうえで、ひと思いに、近代世界そのものを思想的に解体してゆくこと……。「サッカー批評」が身につけるべきもっとも基本的な知的情熱は、ここにしかない。

こうして、世の中にはびこる似非サッカー論と真摯な「サッカー批評」とを峻別することはたやすくなる。たとえば、「どのような戦術をとったら日本チームはワールドカップで勝てるか?」といった議論がサッカー批評の水準に達することができないのは、もはや明白だろう。そうした議論は、そもそも、問い自体がサッカーという幻想の共同体の内部で自己完結したかたちで発せられているからだ。「日本チーム」「勝つ」「戦術」という、幻想の共同体の内部ではまったく自明に定義しうると思われている概念そのものが、根源的なサッカー批評によって幾重にも問い直さねばならない政治性をじつは抱え込んでいるのだ、という点を、そうした時評的なサッカー論はまったく取り扱うことができない。チームを国籍によって組織するという制度に隠されたイデオロギー、勝利至上主義という概念が生まれてくる歴史性、戦術という発想が奉仕してきたほんとうの主人……。それらを徹底的に暴き出すことなくサッカーを批評することは、まったく不可能だからである。

　あるいは、天才プレーヤーをつくり出した少年時代の秘密トレーニング、といったよくある取材記事が「サッカー批評」でありえないのも、まったく同じ理由による。私たちがほんとうに必要としているのは、一選手の才能や技量の由来を安易に過去の出自や教育・訓練のシステムに帰することで説明する口当たりのよい因果論的な物語ではない。真に問題とすべきは、学校体育を基本とする現代日本の運動教育システムがなにを生み出してきたか、その学校体育のイデオロギーのなかで、一人のとびぬけて自由な異才がどのような抵抗と摩擦を経験したのか、サッカーはそうした学校制度の檻のなかで一人の異端児にとっていかなる脱出口を用意したのか、といった、まさにイデオロギー批判としてサッカーをとらえ直す視点にほかならない。

　恩師や、父親や、コーチを持ち出して、プレーヤーの天才の由来を脚色するのはもううんざりだ。そんな物語は、イチローやタイガー・ウッズやメッシのプレーヤーとしての真の驚異を少しも説明することはなかった。だが、家族、国家、チームといった幻想の共同体を持ち出してスポーツを美化するレトリックはいまだ根強くスポーツ・ジャーナリズムを支配している。熱血漢の父と根性娘が手をとりあってメダルに挑む家族愛の物語が、五輪の美談としてあいも変わらず大衆に消費されてしまうこの国において、選手の異才を、家族や国家の物語から解放するのがいかに難しいかを、「サッカー批評」は肝に銘じておくべきだろう。

　サッカー批評によって対象化される世界とは、さまざまな因習的なシステムによって稠密にできあがった、制度と権力と表象作用の複合体である。サッカー批評における批評の最終的な対象とは、この「世界」という複雑なシステムそのものなのである。こうした考え方が、サッカーを純粋に楽しむことを妨げ、いたずらにサッカーを小難しい議論のなかに引きずり込む悪しき主知主義であると非難することは自由だ。だがそういったとたん、サッカーはふたたび聖別化されて、私たちの生きる日常から遊離した安心の小世界へと後退してゆくだろう。

そうした無自覚な言説の空中楼閣を切り崩し、サッカーと世界とをじかに触れ合わせてその火花を浴びるぎりぎりの闘争として、私たちのサッカー批評は立ちあげられなければならない。

起源論

1 身体のアルカイックな分節

いまから三〇年以上も前に、「サッカーの自然史」という文章を書いたことがある（季刊誌『is』41号）。サッカー狂の音楽学者、細川周平とワンツー・リターンの流儀で共同執筆されたこの八篇の断章的テクストは、「自然史」（Natural History＝「博物学」と訳されることもある）というタイトルが暗示するように、人間の肉体のなかにサッカー的運動原理や力学がいかにして宿り、それが環境といかに共鳴・干渉し合いながら現在の「サッカー」と呼ばれる小宇宙を形成することになったかについて、サッカーに刻み込まれた無数の痕跡を博物学標本を手探りで吟味するように、つまりは自然史を書くような想像力によって物語ろうと試みた、熱っぽい宣言文であった。私たちの意図を支えていたのは、サッカーの誕生を社会・文化史が描き出すときの、地域的・歴史的限定性が示す自己完結的な言説を超えて、サッカーという運動原理が無垢の人間身体に書き込まれてゆく原初的で普遍的な構図をサッカーの「始まり」として宣揚したいという思い入れであった。それほどに、サッカーの起源に関する議論は、単純な社会進化論的還元論か、ないしは近代スポーツとしてのサッカー・ゲームのルーツをイギリス中世社会に求める実証主義歴史学の、正しくはあれ退屈な議論に終始していたのである。

一九八〇年代半ばごろの私たちの手元には、サッカーの起源について参照しうる比較的ポピュラーかつ水準の高い書物として、デズモンド・モリスの『サッカー人間学』および、F・P・マグーンの『フットボールの社会史』があった。前者は、著名な動物行動学者によるものであったが、サッカーという運動の起源を人類に普遍的な部族社会の狩猟本能に基本的に求めたうえで、現代のサッカーに熱狂する民衆を「サッカー部族」という一部族に比喩的になぞらえるという斬新な構成で注目された。モリスは、この本で、現代社会の「部族」がサッカーというゲーム（儀礼）に託している様式性や象徴性、さらにはサッカー部族社会の制度（ルール）やその随行者（サポーター）の行動形態までを、人類学者が未開社会の一部族を分析する方法をややパロディックに援用しながら巧みに浮き彫りにする。サッカーへの熱狂を、民衆への麻薬として政治的なイデオロギーの対抗関係のなかで図式化するマルクス主義系の思想家の論調を批判しつつ、モリスはサッカーを指向する人間の「本能」を基本的に肯定するために、それを人間文化に普遍的な部族社会の行動本能と集団主義の文化特性へと還元したのだった。

モリスが生物学における進化論を深く吸収した学者であるとしても、サッカーを論じる彼の社会理論がただちに社会進化論的な素朴さに彩られているとはかならずしもいえない。しかし私には、部族社会の狩猟本能における役割分担や獲物への執念をサッカーに結びつけるモリスの起源論は、サッカーの運動原理のみに固有のものとは思われなかった。近代社会のゲームやスポーツ自体が、多かれ少なかれ、部族社会の闘争本能（狩猟にとどまらず、戦闘や決闘といったものも含む）の儀礼化された残滓を残していることは否定できない。とすれば、部族の狩猟本能という起源は、サッカーに限らず多くの近代スポーツにおいても共有されていると考えられる。しかも、伝統社会の儀礼的行為がその宗教的性格を薄め、形式的な遊技性や資本主義社会における世俗的な快楽を付加することで展開してきた、とするサッカー史観は、結局は、サッカーの神聖で儀礼的な性格を守りつづけるのか、あるいはスポーツとしての効率的・組織的な発展を図るかという二項対立的なディレンマをかならず生み出す。だがサッカーは果たしてそのような単線的な歴史的展開を遂げてきたゲームなのだろうか？　私には、いまサッカーを論じ批評すべき場は、そのような通時的なサッカーの展開を前提とした議論のなかにはないのではないか、という直感が強くあったのである。

　一方で、マグーンの『フットボールの社会史』のような実証主義的歴史家によるルーツ探求の仕事が、すでにサッカー研究のフィールドにおいて古典的権威を持ってしまっていることにも、私はある種の違和感を感じていた。サッカーの起源の物語が、マグーンの詳細な研究を一つの源泉として、イギリス中世の無秩序な民衆の蹴球遊技に帰せられてゆくことは、とりもなおさず、サッカーを西欧起源のスポーツとして近代スポーツの歴史の枠組みのなかへ回収することになる。サッカーという運動原理自体の人類史的生成への想像力を抑圧し、イギリスのフットボールの前身がサッカーという近代競技へと進化していった一地域的な物語を普遍化してしまうことに、私は懐疑的だった。事実、古代マヤ・アステカにはペロータがあり、イタリアにはカルチョ・フィオレンティノがあり、古代中国や日本には蹴鞠があって、これらの古い球技の伝統は、イギリスのフットボールの展開とは関わりのないところで、それぞれに特異な身体文化を生み出していたのである。その意味では、近代の競技サッカーは、そうした各文化圏のサッカー的身体文化の多様な生成と展開の上に植民地主義を媒介としておおいかぶさり、表面的に競技ルールの統一を成し遂げただけともいえる。だとすれば、人類のサッカー的運動自体の多様性は、さまざまなかたちでサッカー競技の深部にいまでも保存されているのではないか。私の関心は、そうしたサッカー的運動の原初の可能性を、いまどのようにして現代人の身体から引き出すことができるかにあった。

いずれにしても、私にはサッカー論の「脱歴史化」がまず必要であるように思われた。むろんこの場合の「歴史」とは、徹底して西欧史学によって一元化された歴史観のことであって、人類史の世界的な多様性を前にした新たな史的遠近法を、スポーツ研究の言説が少しも反映できていないことが問題だったのである。こうして、「サッカーの自然史」という文章は、戦闘的な文体と非実証的で詩的な飛躍によって、サッカーという運動原理が生まれ出、人間の身体にこれが宿る瞬間の光景を博物学的なイマジネーションによって描写するという、不可思議な情熱に促されて書かれることになった。以下にその冒頭部分を引用してみよう。

それは、身体とボールという一つの関係から始まる。この時、ボールを前にした身体は関節によって構成された流れるような集合体《アサンブラージュ》としてのみ存在する。関節＝分節のひとつひとつがイルカの尾のような曲線を描いてボールをとらえる。肉体によってボールを直接打撃する場合、その打撃のインパクトの強度を保証するのが人間の肉体を無数につなぎ、結び合わせる関節だからだ。手のひら、腕、肘、首、背、腰、太股、脛、つま先、

踵。身体のどの部分でボールをとらえるにせよ、ボール固有の運動性をほんの一瞬微妙に吸収し、それを自己の肉体の運動性のリズムにからめとってから一気に打撃のモーションへと移行するためには、ある変換のチャンネルが必要だ。その力の移動のチャンネルとして機能するのが関節だ。さらに、関節によって肉体は上下左右になり、打撃への力を蓄える。均質でソリッドな一体構造物には、ボールを「撃ち」、「蹴る」ことが決してできない。それは単にボールの運動性を正確に反発力としてはね返しながら、自らもその力に押されて後退するか、陥没するかのどちらかでしかないからだ。

ここで言いたいことはきわめて簡潔だ。サッカーの始原の光景として、私は人間の身体とボールという二つの物体が裸で対峙するもっとも基本的な構図をイメージした。そして、人間の身体の組成が、「関節」という、力を打撃(蹴ること)の運動へと変換する装置の集合体として想定できることから出発した。ここにも書かれているように、ボールは関節の連携によって作られる「サッカー的身体」という力と神経系の複雑なインテグレーティッド・サーキット(集積回路)によって操作されてはじめて、動きはじめる。木や鉄といった一体構造物は、もちろんベースボールやゴルフのように打撃具になることはできるが、しかしそうしたスポーツで

あっても、打撃のインパクトの瞬間に働いているのは、打撃具を持ち、操作する身体の関節の連携によってうまれるトータルな合成力であることはいうまでもない。そしてとりわけサッカーにおいて特権的なことは、ボールが直に人間の身体と対峙しているということであり、しかもその身体器官が、足＝脚であった、ということである。関節の集合体としての身体がそのままの形でボールと向き合い、しかも関節の集積力をもっとも強力に発揮しうる足＝脚が、全身体のはたらきを代替する。この、打撃具を用いないという点と、基本的に下半身の操作によってボールをコントロールするという二点の統合にこそ、サッカーの自然史的な起源を想像するための、もっとも重要な条件が潜んでいるのである。

足は、しかもたんに運動力学的に見て、もっとも強力なインパクトの力を持った器官と言うだけではない。それは、私たちが抑圧してきた潜在的な文化的可能性にむけて開かれてもいる。下半身、とりわけ足＝脚という器官が、人間の身体においてネガティヴな文化記号論的位相をしめる器官であることは、すでに人類学者たちが刺戟的に論じてきた。上半身（頭脳・秩序）に対する下半身（汚れ・混沌）という二分法は、人間社会の隅々にまで浸透する象徴分類の体系として、強大な影響力を示してきた。フランスのマルセル・モースやロベール・エルツ、あるいはイギリスのメアリー・ダグラスといった身体の象徴性について論じた先駆的な人類学者の仕事を受けて、日本でこの問題をもっとも包括的に論じたのが山口昌男の「足から見た世界」(『文化の詩学Ⅱ』所収)である。山口は、アフリカやインドネシアの部族社会における足の文化的象徴性、サーカスにおけるフリークスの芸、バスター・キートンの身振り、日本の民俗芸能における足を踏む「反閇《へんばい》」と呼ばれる独特のポーズ、歌舞伎の身体所作といったさまざまな事例を引きながら、足という身体器官が、秩序に対する混沌、構造に対するエントロピー、論理に対するエロス、文化に対する自然を象徴し、そのことによって人間文化の制度のなかで抑圧され・差別されつつも、よりトータルな宇宙的全体性に人間が到達するための潜在的な媒体となってきたことを説得的に示した。私たちはこれらの事例に、ブラジル黒人が奴隷制の下で肉体的叛乱を準備するために伝承してきたカポエイラのようなダンス=柔術の足さばきをつけ加えることもできるだろう。いわば足は、人間社会を複雑に分節することになった言語や法、あるいは社会制度といったものが発生する以前の、ダイナミックな身体的創造力を引き出すことのできる、特権的な器官なのである。山口は、足が人間存在のより深奥部に近い位相にあり、足を媒介にして、人間はもっとも充足した、肉体にして肉体を超えた一個の宇宙的トポス(場)と化すのである、と結論づけている。

私の言葉で言えば、足は人間社会の歴史を通じて生じた無数の制度的「分節」のプロセスを、始まりに向けて「リセット」することのできる、ほとんど唯一の身体器官である。文化の分節化（アーティキュレーション）の動きとは、いわば人間社会をより複雑かつ合理的・体系的に機能させようとする多くの日常制度をつくり出してきた原動力であるが、そうして生まれた言語や法律、管理機構や教育制度といったものは、分節化になじまないさまざまな人間的能力（足、触覚、感情、情動エネルギーといったもの）を過小評価し、あるいは抑圧するかたちで働くことになった。だが逆に言えば、近代的分節の過程を邁進した社会は、その構造的な欠陥を「更新」しうる「リセット」の機能を、どこかに置き忘れてきてしまったのである。

足の飾らない芸術としてのサッカーは、私たちの理性や感情や感覚を、人とボールが向き合った「始まり」の瞬間に引き戻す力を持っている。起源におけるこの最初の決定的な出会いが、なにを生み出す可能性をはらんでいたかを、私たちに思い出させることができる。そのとき、関節の集合体としてつくられた人間の身体とは、いわばもっともアルカイックな（古い＝原型的な）分節（関節）だけを従えた、すぐれて可変的・流動的な身体だったはずである。そしてそこに、これまた可変的かつ流動的な動きを示す球体としてのボールが対峙する。この構図こそ、サッカーの起源の風景として私がイメージしたものだった。「サッカーの自然史」は、ボールという球体がもつ起源の意味論についてさらにこうつづけて書いている。

ボールは聖なる樹脂の塊《かたまり》として始まった。古代アステカのペロータ競技の戦士たちは、肉体のあらゆる関節部分に皮革製のサポーターを巻き、聖なるオルクアウィトルの木からしたたる乳白色のエマルジョンをかためてつくられたボールを打撃する。それはゴムという不思議な物質の持つ固有の運動性のエネルギーを自らのものとし、さらにそれをのりこえようとする人間の果敢な挑戦だ。「オルクアウィトル」の「オル」はゴムを表わす「オリ」の語幹だが、アステカ人にとってそれは「オリン」（運動）そのものでもあった。粘り、伸縮し、変形の力を加えられても瞬く間に回復する力を示すこの秘密の樹脂は、いわば「運動」の理想形としてあったのだ。こうして、関節とボールの関係は、始原の運動、原初的アクションが交わり、はじけ散るエネルギーの磁場となる。ボールと動くもの、関節としなるもの。関節の微細なささやき声が、樹脂や皮革の塊にこだまし、始原の打撃音が響き渡る。運動の話法が生まれようとしている。自由な「関節話

—

法」が。

ゴムや、動物の内臓（イギリスの初期のフットボールでは、空気で膨らませた豚の膀胱がボールだった）といった、弾力性・可塑性に富む素材が持つ聖なる運動性。それを、イルカの全身のようになめらかに統合された関節の集積体が打撃する……。

一つの声のなかに出現するあらゆる他者の声の存在の豊穣な力を示唆しつつ、フランスの哲学者ジル・ドゥルーズは、人間の言葉すべてがまず「自由間接話法」として始まるのだ、といった。サッカーの身体もそのような自由な「関節」によって統合された運動の未分化なエネルギーとして存在するのではないかという主張を、私はここでドゥルーズをもじりながら示そうとしたのだった。そしてサッカー的身体がそうした自由関節話法によって統率されているのなら、ロナウジーニョの身体のなかにペレの身体を、カレッカの筋肉のなかにガリンシャの筋肉を、そしておそらくはメッシの踝のなかにマラドーナの踝を夢想することが、私たちには許されることになる。そのとき、サッカーの起源は、現在形のものとして、世界に向けて開かれる……。

サッカーという太古からの地層に刻まれた褶曲や断層や変成の軌跡を地質学者か博物学者の

目によって分析しながら、サッカーが人間に共有されうる「起源」の風景を「自然史」として普遍的に描き出したいという私の欲望は、いまだに少しも変わっていないのである。

Rosina Becker do Valle, Jogo de futebol, 1968.

ホズィーナ・ベッケル・ド・ヴァリはリオに生まれ、主婦として趣味で絵をはじめたが、素朴で快活な民衆画のスタイルが注目を浴び、1960年代にはブラジルを代表するナイーフ画家となった。祭り、精霊の森、聖人といった、彼女が好んだ民俗的モティーフの一つがサッカー。これは私にとって、そこで永遠にプレーしたい、至高の夢のスタジアム。

2 伝播論

身体帝国主義の流れに抗して

　サッカーの歴史が、植民地主義の世界的展開と併行する現象として語られたことはほとんどない。サッカー史に関する多くの基本文献は、まず例外なくイギリス中世における蹴球の原型が近代的なスポーツとして形成・発展していく歴史をそのままサッカーの歴史と重ね合わせて認定する。サッカーだけでなく近代の競技スポーツがほとんど例外なく「伝播」の歴史を持つことがわかっていながら、植民地主義の権力関係の歴史とスポーツ史とが切り離されてきたのには理由がある。その最大の理由は、スポーツというジャンルが表面的には政治・経済・社会とは直接関わりのない、人間の生身の身体の問題としてとらえられていたからである。

　だが、スポーツが一見非政治的なチャンネルすなわち身体という媒体を通じて移動・伝播していくように見えるとしても、身体はもちろん政治が侵入しえない聖域ではない。むしろ、近代スポーツは徹底した身体政治学の、すなわち肉体のミクロポリティックスの闘争現場であり、サッカーとてその例外ではなかった。

しかしそうしたスポーツする身体を媒介にした微細な政治学の発動のメカニズムについては、これまでサッカーの歴史のなかでほとんど取り上げられることがなかった。植民地主義を展開する帝国の列強が中心となって、一九世紀後半にゲームとして確立した近代サッカーは、そうした植民地主義的なイデオロギーを内蔵しているという出自をひたすら隠蔽するために、サッカーの歴史をそうした政治権力の構図から巧みに聖別化しようとしたのである。

批判の刃をわずかに当てただけで古傷から新たに血が吹き出るようなこうしたサッカーと植民地主義との強い結びつきの構図は、サッカー史のいわば触れたくない本性としてわれわれの一般的なサッカー観からあるとき抹消させられてしまった。

たとえばR・トマ／J゠L・シュノー／G・デュレによる『フランスのサッカー』の第一章は「サッカーの歴史」と題されており、二〇世紀のフランス・サッカーが成立するまでの歴史をサッカーの古代的な起源から簡単にたどりなおしている。そこではギリシャ・ローマ時代の儀礼的な球技にさかのぼってサッカーの起源が語られるなかで、わずかにアステカや日本、黄帝時代の中国などにおける球技の事例も言及されている。だがそうした異文化圏におけるサッカー的な身体文化の存在に関する言及は、最終的には近代のフランス・サッカーの成立とは全く切断された事実として背景に後退させられてしまう。そしてあっけないほど簡単に、一九世紀後半に体系化されたイギリスのパブリックスクールにおけるサッカーがノルマンディ半島の港ル・アーヴルに上陸した一八七二年が、フランス・サッカーの近代的な出発であると記述される。イギリスから伝播してきたという事実は述べられているものの、その伝播を促していた政治的・社会的背景やメカニズムについては触れられておらず、あたかもサッカーの歴史にとってそうした時代の政治的・社会的メカニズムがまったく関わりのないことであったかのようにすらみえる。西欧社会の内部において、サッカー共同体が自立していたという幻想が、こうした論調を無批判な安全地帯へと連れてゆく。

こうした記述に典型的にみられるサッカー史の西欧中心史観は二つの点で誤っていると考えられる。一つには既に前章（「起源論」）において示唆したように、世界中にサッカー的な運動原理の原初形態があまねく存在していたことであり、近代スポーツとしてのサッカーが競技スポーツとしてはイギリスに起源を持つものだとしても、人類のサッカー的な本能には無数の出自を異にする身体運動の伝統が多様に流れ込んでいるという事実があるからである。第二に、西欧中心史観は逆に植民地主義によるサッカーの伝播と浸透によって現在の競技サッカーの世界的領域が形成されたことをいたずらに過小評価することになる。だがいうまでもなく、現在のサッカーには植民地主義が深く刻印されている。植民地主義自体はイギリスやフランス、スペインといった西欧の大国によるプロジェクトとして展開されたが、その植民地主義の経験によってコロニーとなった世界中の地域においてサッカーがいかなるかたちでその反作用として誕生し、変容し、経験されてきたかという事実こそが、まさに現在の世界におけるサッカーの歴史の形成因そのものとなっているからである。

　一九世紀後半から二〇世紀の世界文化に投影された強い帝国主義的な力学についての包括的な研究書『文化と帝国主義』のなかで、エドワード・サイードはこの植民地主義的な支配と被支配の経験が地球上のどれだけ多くの地域と人々に決定的な力を及ぼしたかを次のように述べている。

> 　おどろくほど広範囲にわたって地球を支配した一九世紀と二〇世紀初頭の西洋の古典的帝国主義がいまもなお、わたしたちの時代に大きな影をおとしていることもまた注目

されないでいる。今日生きている北米人、アフリカ人、ヨーロッパ人、ラテン・アメリカ人、インド人、カリブ人、オーストラリア人（……）のうち、かつて存在した帝国の影響をこうむらなかった個人はほとんどいないのだ。イギリスとフランスは、両国間で、おどろくほど広大な領域を支配した。カナダ、オーストラリア、ニュージーランド、北米と南米の植民地、カリブ海地域、アフリカの広大な領域、中東、極東（……）、そしてインド亜大陸全域——こうした地域全部が、イギリスとフランスの支配下にあり、やがてそこから独立したのである。

こうしたあまりにも基本的な指摘が、あらためて文化と帝国主義の決定的な関係を例証するものとしてなされなければならない、ということを私たちは深く理解すべきだろう。ここであげられたイギリスとフランスの旧植民地地域が、ほとんど現在のサッカー文化圏（および一部はラグビー文化圏）と例外なく一致すること。そしてまさにこの二国の帝国主義的な領土拡張の時期が見事に近代サッカーの世界的伝播の流れに符号すること。この二つの事実からみても、近代サッカーとは植民地主義との疑いえない共犯性を持っていることになる。

そもそも近代サッカーゲームの一つの歴史は植民地に始まっている。いまや南米の忘れられたような小国となったウルグアイ。ここで一九三〇年第一回ワールドカップ大会が開催され、地元ウルグアイが隣国アルゼンチンと決勝を戦って見事に優勝を飾ったという事実は、サッカーの歴史において決して偶然の出来事ではない。その当時既にウルグアイはオリンピック大会においてサッカー競技で二連勝するなど世界最強のサッカー国であったことはよく知られている。だがここで重要なのは、ウルグアイやアルゼンチンといった南米のサッカーがヨーロッパのチームよりも強かったという事実の確認ではない。より重要なのはスペイン植民地として長いあいだヨーロッパの支配におかれ、二〇世紀になってからは北米の大国アメリカ合衆国によって政治的・経済的帝国主義の圧力を受け始めていたこれら南米の国々において、特異な植民地主義文化の成熟が存在したという点である。

とりわけウルグアイは二〇世紀初頭中南米の思想をリードする何人かの重要な思想家を生み出している。もっとも代表的な論客の一人であるホセ・エンリケ・ロドーは、まさに一九世紀から二〇世紀にかけての植民地関係の遺産が生み出した思想家である。彼は全アメリカ大陸に大きな影響を与えた思想書『アリエル』(一九〇〇)において、旧宗主国としてのヨーロッパ文化から受け継いだ高貴な精神主義のラテンアメリカ的洗練を理想として掲げながら、北米の物質主義による精神的価値の崩壊を批判した。世界の主人がイギリス帝国主義から物質主義に支配されたヤンキー帝国主義へと静かにしかし確実に代わろうとしていたこの時期に、南米の小国がむしろヨーロッパ以上にヨーロッパ的な精神の美学を掲げてあらたな北米帝国主義の台頭に強く抵抗しようとしていたのである。シェイクスピアの『テンペスト』に登場する妖精アリエルを、ウルグアイの知性は自らの精神性の優位を示すラテンアメリカ的象徴へと引き継ごうとした。

一九三〇年代の欧米諸国が戦乱や経済恐慌によって文化的に疲弊していたことを考えると、当時もっともエネルギッシュで洗練された文化的生産が行われていた世界の首都はある意味でモンテビデオ（ウルグアイ）やブエノスアイレス（アルゼンチン）であったと言うことすらできる。ワールドカップの歴史の初期における南米勢の圧倒的な存在感は、こうした植民地主義文化の特異な成熟と展開のプロセスに帰せられる。ヨーロッパ・サッカーの南米への伝播は、単に旧植民地地域にヨーロッパ・サッカーの写し絵を移植したのではなかった。サッカーはこうした伝播の動きを通じて土地の社会や文化が要請する価値観や美学をあらたに備え、変容していったのである。サッカーが植民地主義あるいは帝国主義の力学によって深く決定づけられているということの意味は、こうした文化創造的な意味合いをも含んでいることになる。

むろん、現代の競技サッカーのモデルとなったイギリス・サッカー自体のイデオロギー形成が決定的に帝国主義の思想によって特徴づけられていたことはいうまでもない。イギリス・サッカーのフェアプレイ精神が信奉する「紳士《ジェントルマン》」という概念のあからさまな階級性は、イギリス帝国主義を支えた白人エリート主義の反映であった。上流階級の白人紳士が労働者階級や異人種を差別し自らを特権化するという、帝国主義を駆動することになった権力意識が「紳士的」という概念の援用として現代サッカーのルールブックに影を落としていることは偶然ではないのだ。パブリックスクールというスポーツ競技形成の殿堂にしても、イギリス国家からみればそれは帝国主義的侵略に奉仕しうる軍人の卵を養成する訓練装置として位置づけられていた。

サッカーという身体運動の現場に深く刻み込まれたこの植民地主義と帝国主義の痕跡を、あらたに身体帝国主義(コーポラル・インペリアリズム)と呼んでみることにしよう。これは、いわば出版・映画・メディアテクノロジーといった装置によって特定の地域文化を固定化し馴化し統率しようとする二〇世紀的文化帝国主義の、一つのヴァージョンであると考えられる。それは人間の身体という可変的なメディアに一定のイデオロギー的な負荷の力を加えることによって、政治的な帝国主義が直接コントロールできない領域にまで帝国の権力を及ぼそうとする近代の精巧なイデオロギー装置である。

二〇世紀のスポーツの歴史は、そうした身体帝国主義との紛争の歴史として描き出すことが可能だ。たとえばイギリスのジェントルマンシップの美学を代表するスポーツとしてのクリケットは、一八世紀初頭以降、北米東海岸、カリブ海、インド亜大陸、南アフリカ、オーストラリア、ニュージーランド、太平洋諸島といったあらゆる大英帝国の版図へ広がっていき、各地で独自の展開やルールの変更、意味の変容を経験した。クリケットの伝播の状況を精緻に分析することは、まさにイギリスの身体帝国主義がもたらした闘争をミクロ政治学として考察することになる。

ベースボールは、イギリスのラウンダーズを起源とする球技であるとされているが、ある意味で、アメリカに渡りベースボールとして形成されたのちに、あらたな身体帝国主義の装置として再発明された。ベースボールのきわめて多岐に分節化されたルールは、基本的にデジタル的な二分法によって統率されており、そうしたルールの構造はベースボールに二〇世紀の産業資本主義的な構造との強い親和性を与えることになった。そのことによってベースボールは北米身体帝国主義の媒体として、地域的には限定されていても非常に特徴的な一連の先進資本主義ブロックのなかで、特異な伝播の流れをみせた。日本、韓国、台湾、キューバ、プエルトリコ、ドミニカ共和国、パナマ、ニカラグアといった現在の野球文化圏が、ほとんど例外なくアメリカの二〇世紀における軍事的な展開拠点として位置づけられ、そこにアメリカ資本主義とともに身体帝国主義がベースボールとして移植されていったことは非常に特徴的なことであった。

サッカーもまた、こうした近代スポーツの伝播に関わる共通の力学を反映するようにして、身体帝国主義の嫡子としての出自を持っている。だが、サッカーは西欧の身体帝国主義の手先であったにもかかわらず、その効果は必ずしも帝国主義のイデオロギーが想定するようなかたちで発揮されなかった。サッカーはそのルールの簡潔性、下半身という混沌を含み込んだ身体器官への依存といったいくつかの理由によって、植民地主義のイデオロギーをスポーツを媒介として各地へ浸透させていく以上に、人間の肉体に普遍的に内在していた流動的な運動原理の方を近代において引き出すことになったからである。近代の社会制度の要請によって規格化され、分節化された身体の背後で行き場をなくしていた人間身体の別種の運動原理に、かえってサッカーは火をつけてしまうことになったのである。無定型の下半身の野生的な運動の欲望に、あらたにフットボールという名が与えられ快楽的で遊戯的なイベントとして民衆の前に差し出される。それを捕まえずにいるような禁欲的な民衆は、少なくとも被植民地化された地域にはいなかった。

こう考えれば、現在のサッカー競技のフィールドで統一ルールのもとに「サッカー」と呼ばれる競技が滞りなく行われているようにみえても、そこで実際に戦われているのはいくつもの異なった歴史的展開の中で再創造されてきたサッカー的運動意識のさまざまなヴァージョンである。コロンブス以後、もっとも早くから植民地化されていた中南米地域のサッカー選手たちから、二〇世紀にいたるまで植民地主義の構図のなかに取り込まれていたアジア、中東、アフリカのサッカー選手たちまで、それぞれがヨーロッパ・サッカーとはあきらかに異なった身体意識によってサッカーという競技の場を共有する。そうした多様な歴史性を抱えた無数の異なったサッカー的身体と精神のぶつかり合いの場として、現代のサッカーは存在してきたのである。

サッカーはたしかに全世界に伝播した。だがそれは一つのサッカーの包括的な伝播ではまったくなかった。自らを中心化しようとするサッカー（イギリス・サッカー）のなかから、あるいはそれに交わるようにして、無数のサッカー的原理が漂流し、離散し、交差していった。その複雑な旅こそが、現在のサッカーの広範な世界への広がりと定着を生み出した。

しかもその旅は決して止んだわけではない。いままさに、身体帝国主義を生み出す源泉として機能してきた「国民国家」というイデオロギー自体から、サッカーはあらたな離脱の旅を始めようとする動きも示しているからだ。だがその旅の行手に、新たな武装をほどこした国家原理の残存形態が立ちはだかっていないとは誰も断言できない。

3 儀礼論

サッカーをいかに「想像」するか

サッカーのある局面を、巧妙に演出された「国家儀礼」として論じることは、およそ快楽的な行為からはほど遠い。けれども、「国家儀礼」として仕組まれたサッカーの存在様態は、私たちが体験するサッカー的な経験の総体のなかで、決して侮ることのできない位置を占めている。「仕組まれた」という表現がいささか恣意的に響くとしたら、国家儀礼として想像される存在様態、と言い換えてもよい。サッカー競技は、「国家」や「国民」という概念を人々が想像するための一つの儀礼的な枠組みとなっているのである。だとすれば、近代スポーツとしての不可避の条件のなかでサッカーが国家との関係で儀礼化されてゆく文化政治学的なプロセスを無視あるいは過小評価することは、サッカー批評にとって致命的であるといわざるをえない。まさに社会における世俗儀礼として現代サッカーが成立している局面への注視こそが、サッカーへの批評を社会批評としての水準にしっかりとつなぎ止める条件だからである。

サッカーを近代の国民国家を想像するための「儀礼」であるととらえることは、サッカーが置かれている社会的・政治的文脈の一つの本質を一挙に開示する。儀礼というものが、「分離と統合」にかかわる精巧な文化プロセスであることを説得的に示したのは人類学者ヴィクター・ターナーであった（『儀礼の過程』）。ターナーは、アフリカのンデンブ族社会における成人儀礼の詳細な研究にもとづいて、儀礼の核心に、人間が一つの集団から分離（隔離）され、その後に別の集団へと統合されるという段階的な移行過程がつねに存在することを論証した。これはアフリカの部族文化における事例にとどまらず、ひろく人間文化の儀礼的諸行為にあまねくみられる一般的なパターンであり、そのことを、ターナーは、オリンピックやカーニヴァルや宗教的巡礼といった現代における表現文化的現象への調査研究を通じてさらに理論展開したのであった。

いまではすでに儀礼の一般理論の古典ともなっているターナー理論に基本的に依拠しながら現代社会においてサッカーの置かれた文脈について考えてみると、サッカー競技はとりわけ国民の「統合」のプロセスを完遂するための重要な社会的役割を担ってきたことがわかる。すでに前章において簡潔に描写したように、近代スポーツとしてのサッカー競技自体が、イギリス帝国主義のイデオロギーが社会の諸制度を構築してゆくただなかで、その重要な一装置として練り上げられていった歴史を否定することはできない。一九世紀半ば、まさに近代国民国家原理の誕生のモメントに、サッカーはたしかに参画しているのである。パブリックスクールの青年たちがサッカーやラグビーやボート競技を通じて「スポーツ」という新たな身体活動領域に参入することが、すなわち政治的・軍事的な拡張政策のなかで要請されていた「国民」の身体的な動員を促進することになった。そうした状況をもっとも雄弁に示す、当時のイギリスのあるパブリックスクール校長の講演のなかに次のような一節がある。

イギリス人がフランス人やドイツ人よりもすぐれているのは、頭脳、勤勉、戦争術、武器においてではありません。すぐれているのはゲームによって鍛えられた健康と気質においてであります。(……)クリケットやラグビーにおいて成功をもたらす勇気、エネルギー、忍耐力、快活、自制、規律、協力、団結心といったものこそ、平和の時にも戦いの時にも勝利をもたらすものなのです。(……)大英帝国の歴史には、イギリスが今日の覇権を手にしたのはスポーツのおかげであると書いてあります。

(富山太佳夫『空から女が降ってくる』より)

ここに見事に示されているように、イギリス国民として国家のために自らの「身体」を規律のもとに組織し、それを国家と国益のために捧げる帝国主義的なメンタリティは、こうして学校スポーツを媒介にしてつくられていったのである。

国民統合の装置としてのサッカーが果たした歴史的・社会的役割は強大だった。そしてサッカーの伝播過程のなかで、新大陸やアジアのイギリス植民地、さらにアフリカ諸地域の新興国家や民族共同体が、国民統合装置としてのサッカーを受け入れる趨勢をはっきりと示したことも、驚くにあたらない。サッカーは、たんなる身体活動における娯楽的な行為として世界に浸透していったのではなく、はじめから国家儀礼とじかに接続された文化装置として人々に与えられたからである。『サッカー狂の社会学』においてブラジル・サッカーのダイナミックな状況を社会的な文脈から描いたジャネット・リーヴァーは、ブラジルにおけるサッカーが「異なった社会階層、民族性、人種、宗教に属する人々が共有することのできる何かを与えることによって、国民統合に貢献した」と書いている。まさにブラジルのような多民族国家にとって、サッカーを通じた国民統合の儀礼的要請はきわめて高かったというべきであろう。

ラテンアメリカにおいて、国民国家の誕生とともに、国境意識がサッカーを媒介にして画定されていったことを示唆するジョゼフ・アービーナは、論文「ラテンアメリカにおけるスポーツとナショナリズム」のなかで、ラテンアメリカにおけるサッカーには、ある意味で恣意的に線引きされた政治的国境線を心理的に追認しながら国民としてのアイデンティティを作り出すような力があった、と述べている。こうした考えによるならば、「アルゼンチン」「ボリビア」「ペルー」「ウルグアイ」といった国民国家の領域性の意識は、まさにそれぞれが「国民」として「アルゼンチン・サッカー」「ボリビア・サッカー」「ペルー・サッカー」「ウルグアイ・サッカー」を共有するという心理的な統合の感覚によって生み出されていたということになる。サッカーが国家を、国民を、そして国境線を想像させる心理的な動因として働いているという事実はある意味では驚くべき事態であるが、それほどまでにサッカーは国民意識の深部に短期間で浸透していったのである。

事情はアフリカにおいても変わらない。アンソニー・クレイトンは「スポーツとアフリカの兵士たち――サハラ以南における西欧スポーツの軍事的拡散」という論文において、サッカーをはじめとするスポーツがアフリカ諸国の勃興期において、まさに「国民概念の構築のための主要な役割」を担っていたことを詳細に分析している。この国民の構築（ネーション・ビルディング）という概念によって示唆されているのは、とりもなおさず、サッカーが「国家儀礼」として「国民」というイメージを想像する能力を強く促進したという歴史的な経緯にほかならない。だからこそまた、とりわけアフリカにおいて、サッカー選手はいまだに国家の軍隊システムのイデオロギーに完全に服従せざるを得ない存在としてある。よく知られているように、一九九四年アメリカ・ワールドカップ大会で惨敗したカメルーン選手たちは、帰国直後、大統領の命令によって過酷な軍事教練へと強制的に送りだされてしまったのであった。

　サッカーが国家の政治的・軍事的関係を浮上させる例は枚挙にいとまがないが、もっとも身近な例を挙げれば、韓国におけるサッカーへの想像力が、二〇世紀をつうじての日韓の政治関係のなかでつねにかたちづくられてきた経緯は、大島裕史の『日韓キックオフ伝説』において活写されている。ある意味で、「日本」および「韓国」の国家像、そして日―韓国境のイメージ自体が、サッカーを媒介にしてつねに想像され、強化されつづけてきた歴史を私たちは経験してきたのである。

　そもそも国民国家を想像するという可能性じたいが、近代社会の歴史的な経緯のなかでかたちづくられてきたという事実を刺戟的に論じたのがベネディクト・アンダーソンの『想像の共同体』であった。アンダーソンの議論を敷延すれば、近代人が、「国民」や「国家」という包括的な概念を想像しうるためには、まず伝統的な「儀礼」システムの効力が無効化するプロセスが必要であった。近代国家に人間が帰属し、国民意識を通じて人間精神がその十全な自己同一化を見る以前、人間の精神は三つの主要な儀礼的枠組みによって支配されていた。第一に聖典のような存在論的真理の公典であり、第二に世の摂理によって統治する王であり、第三に宇宙的な時間観念である。この三つのいわば神聖なる公理の支配が、人間の生を宇宙の本性のもとに位置づけ、存在の日常的宿命性（すなわち喪失、服従、死といったもの）に意味を付与し、そこからの救済を提供する源泉となってきた。この「世界の公理」の庇護によって、中世期までの人間はある意味で神聖なる儀礼的世界観にたいして自己を投げ出すことができたのであった。

けれども、これらの自足した神聖儀礼の後退によって、近代の人間はあらたに、自己を超越的なシステムへと再統合する必要性に迫られることになった。そこで生み出されたのが、「国家」「国民」という世俗的な概念体系である。中世的原理から遊離した同胞愛、権力、時間を、新しいシステムのもとに統合する世俗儀礼として、「国民国家」という装置が登場してくるのは、こうした歴史的経緯の結果である。ネーションを想像するという能力は、このようにして人類のものとなっていった。そして、ギリシャ時代の、神聖儀礼として様式化された古代スポーツ（格闘技）があらたに近代オリンピックなどを媒介項として近代スポーツの世俗性のなかで再組織されるのも、まさに新たな「儀礼」の枠組みの創出によって、自己の帰属を「想像しよう」とする人間の強迫観念のなせるわざであった。

　議論があまり拡散しないうちに、話をサッカーの領域へと収束させておこう。近代サッカーは、いわば人間文化における普遍的な「分離」と「統合」の儀礼システムを、「国民国家」という装置にむけて機能させるためにあみだされた、一つの「想像化」（imagining）の装置であった。それは人間を、前近代的で完結した帰属性の領域（自然法的公理、宗教的権威、および郷土・地域共同体）から「分離」し、あらたに国民として再「統合」する儀礼としてはたらいた。サッカー選手が、選手であることによって、「国民」化されてしまうというメカニズムの暴力は、現代のサッカー競技の場においても歴然たる事実である。そしてまたサッカー競技を観戦するオーディエンスにとっても、国別の対抗戦であるワールドカップを頂点とするサッカーの試合は、その一つ一つが「国家」と「国民」を想像させる枠組みとしてはたらき、結果として自己をそうした想像の共同体に無意識のうちに同化・統合する儀礼と化していることも否定できないのである。

国民統合の装置としてのサッカーのありかたが、いま、国民＝国家システムのさまざまなほころびに呼応するようにして、軋みを見せていることは事実である。プロサッカー市場の世界的・脱国籍的な展開によって、自国のサッカー選手が自動的に国民化されるメカニズムにも大きな異変が起こっている。だが、一九世紀の近代スポーツの誕生以来、連綿とつづいてきた国家とサッカーとの儀礼的相互依存関係が、そう簡単に清算されてしまうとも考えにくい。

ここで一九九八年のフランス・ワールドカップ大会の結果を思い出してみてもよい。多くがアラブ、アフリカ、カリブ海、太平洋諸地域の出身者によって構成されていたフランス・ナショナルチームは、そもそも、その数年前からフランス国民戦線のルペン党首のようなウルトラ・ナショナリストによって、「フランス国歌も歌えない者たちが国の代表になっている」ときびしく揶揄されてきた。極右政党の示すこれほどの閉鎖性はないにしても、フランス政府は、旧フランス領植民地からの多くの移民・難民の流入を、基本的に苦々しく思いながらも、あらゆる欧米の先進国家が直面するこの多民族国家化への道程に対処するためのイデオロギーを模索してきた。

そのなかでの「多民族」チーム・フランスのワールドカップでの優勝は、政府の国民統合政策をめぐるディレンマを一気に吹き飛ばす事件でもあった。決勝戦後のシラク大統領の満面の笑みのなかに、さまざまな肌の色によって構成された「フランス人」の勝利を、新たな「フランス」国家の勝利として権威づけようとする巧みな演出を、多くの人は読み取ったはずだ。かつて移民にたいして排他的な政策を次々ととりいれてきた閣僚が、これまでの言動を一八〇度転換するような移民受け入れと滞在許可証発行の円滑化政策を、フランスチームの勝利の直後に発表するという始末である。これが、自国の勝利に酔った政治家の勇み足の失言であるとしても、その裏には、移民を「フランス人」として国民化することによって「フランス」国家そのものの理念的延命を図ろうとする無意識のナショナリズムがやはり表明されているともいえるのであり、その意味でこれは決して「失言」ではなかった。多くの旧植民地出身選手のチームへの同化を強調することによって、あらたに多民族国家としての国民統合の理念を顕在化させるフランス……。そうだとすれば、サッカーはあいかわらず、国家と国民にたいする想像化の物語を生み出しつづけてもいるのである。

すでに触れたナショナリズム研究の画期的な著作『想像の共同体』増補版の最終章で、ベネディクト・アンダーソンはつぎのような驚くべき事実を紹介している。

一八世紀最後の四半世紀に、イギリスだけで年間一五万から二〇万の時計が製造されており、その多くは輸出向けだった。〔この当時〕ヨーロッパ全体ではおそらく五〇万近い時計が毎年製造されていたであろう。（……）人間は、宇宙に存在するあらゆるものを人間の作った時計で計測するようになり、これが大洋を越えて同時に存在する対を了解可能なものにした。

ここでいう「大洋を越えて同時に存在する対《つい》」とは、たとえばイギリスの都市ヨークとアメリカ東海岸のニューヨーク、あるいはアムステルダムとニュー・アムステルダム（ニューヨークが英領になるまで、オランダ東インド会社の植民統治下にあったマンハッタン島はニュー・アムステルダムと呼ばれていた）といった植民・被植民関係にある二地点のことを直接には指している。だが、ここでの指摘はむしろ、時計の製造を支配することによって、誰が全世界に普及することになった「世界時間」を創造する権力を独占していたかを包括的に明らかにしていると見なすべきだろう。すなわち、私たちの生活の細部までを統率し、人間の自己意識にある種の連続性の感覚を与えている「時間」というものの近代的生成じたいが、つよく西欧近代の国民国家的な欲望に根ざしてもいるのである。

　だとすれば、サッカーゲーム全体を外側から大きく統率している九〇分という試合時間の意味も、たんなるルール上における数学的な枠組み以上の意味を持っていると考えることも可能である。サッカーに限ったことではないにしても、西欧近代の時計によってあらかじめゲームの構造を与えられた多くの現代スポーツの底流に、いかなる儀礼的時間が流れているかを、このことは私たちにあためて認識させる。もちろん、サッカーゲームが遂行される「時間」の内実に国民国家の影が深く差し込んでいることを知ることは、サッカーを楽しみ、サッカーに熱狂することと矛盾するわけではない。ただ、試合時間のなかの戦略の配分や、アディショナルタイムの記号論、さらにサッカー的時間性・速度・リズムといったものの深い考察のためには、まずもってサッカーが支配されているこの「世界時間」の歴史的・政治的な出自を知ることが不可欠なのである。九〇分という時間を自明の与件として受け入れて、ゲームの内部だけを論評するジャーナリスティックな言説が見ようとしないのは、まさにこうした歴史性の問題である（この点に関しては「11　時間論」を参照）。しかしサッカー批評に、可能なかぎり多面的な歴史意識・時間意識を導入することを通じてしか、私たちのサッカーが国家の幻影から離脱することとは不可能なのだということを、私はここであらためて強調したい。

国家儀礼としてサッカーを想像する道からはなれて、サッカーをいかに「再‐想像」しうるのか。これはサッカーの未来へ向けてのもっとも本質的で重要なテーマとなるはずである。

4 本能論

遊戯の消息、筋肉の機微

「本能」という概念の一般的使用が陥っている大衆的な錯誤の罠に、スポーツにおける「本能」という用語もそのままはまっている――この重要な事実を確認したうえでのスポーツ批評の言説を、現代において私はほとんど知らない。通常は、動物のそれぞれの種に固有の、学習や経験の蓄積によるのではない、生得的な行動や能力を指す動物行動学的な概念である「本能」を、人間の生まれつきの感覚的・情緒的な性質や行動形態にたいして広く適用する一般的な用法は、それが生物学的な根拠を持った概念であるという無謬性の意識のうえに成立していることによって、いままでほとんど問い直されたことがなかった。だが、スポーツ選手の直感的な身体運動の冴えを単に動物的本能という形容によって納得するような用語法は、およそ「批評」という言説の水準をクリアしているとはいいがたい。スポーツにおいて、とりわけサッカーにおいて、「本能」とはいかなる概念としてありうるかを根底から問い直し、そのうえで「本能」という用語によって語るべき領域をどのように設定しうるかを考えてみることなしに、精緻な批評は成立しえないのである。

スポーツにおいて「本能」という概念を考察する出発点の一つが、オランダの文化史家ヨハン・ホイジンガの名著『ホモ・ルーデンス』にあることはまちがいない。「遊びは文化より古い」という衝撃的な冒頭の一句ではじまるこの一九三八年に刊行されたよく知られた著作で、ホイジンガは人間の根源的な本性の一つである遊戯精神が、人間の行動原理をあまねく律する多様で豊かな寄与を人類文化に与えたことを、百科全書的な記述によって展開したのだった。「動物は人間とまったく同じように遊ぶ。遊びのあらゆる基本的性格はすでに動物の遊びの中に体現されている」と冒頭で書きつけるホイジンガは、まず「遊び」への指向性を生物種に普遍的に見られる共通した特徴であると認定することから議論をスタートさせる。だが、ホイジンガが「遊び」を論ずる前提にはきわめてラディカルな視点が含まれていた。彼は、子犬のじゃれあう姿を事例にあげながら、すぐにこう続ける。

彼らは互いに儀式的な態度や身振りのようなことをして遊びに誘い合う。仲間の耳を本気で噛むべからずという規則もちゃんと心得ている。彼らはまるで恐ろしくて怒っているかのようにふるまって見せる。そして、なにはさしおいても、彼らはこれによって明らかに無上の喜び、あるいは感激を味わっている。(……)ここでいちはやく一つの非常に重要な問題点に注目しておかねばならない。遊びはすでにその最も単純な形態においてすら、また動物の生活においてすら、純生理的現象以上のもの、もしくは純生理的に規定された心理的反射作用を超えた何ものかである。

すなわちここでホイジンガは、人間と動物の「遊び」への共通した原初的指向性を述べつつも、それが生物種としての生得的な生理的反射作用(すなわち本能と呼ばれるようなもの)に由来するのではなく、それを超えた、本質的な快楽・エネルギー・緊張感・歓喜といったものをもたらすある心意的な作用にもとづくものであると断言する。遊びの本質をなすべきこの積極的原理は、「精神」と名づければいささか言い過ぎになり、これを「本能」と呼べば何も言わないに等しい、とホイジンガは述べているが、彼にとって「遊び」は物理的・身体的な力の純粋な作用(=本能)を超えた、ある種の精神作用の発露にもとづく「余剰」であり、生物学的な決定論が「本能」という領域に押し込めてきた行動様式のなかから切り離されるべき、ある超理論的な何かであった。

遊びが存在することによって、宇宙にすむ人間の立場に、ある超理論的な性格がもたらされると論じながらホイジンガはこう書いている。

> 動物は遊ぶことができる。だから、彼らはすでにその点で単なる機械仕掛け以上のものである。我々は遊び、かつ、遊ぶことを知っている。だから、我々は単なる理性的存在より以上のものである。なぜなら、遊びは非理性的なものであるから。

なにげなく書かれたように見えながら、これはとてつもなく過激な文章である。遊戯によって、動物は単なる「本能的」な行動原理に縛られた存在から脱してある種の文化的・社会的規範への接点を獲得する。さらに、自らが遊ぶことを「知る」人間は、その知識によって、自らが物理的な自然力の絶対的な支配の外に出る自由を持っていることを知り、そのことによって人間存在の非理性的側面に目覚める。したがって、動物と人間とのあいだに「遊び」の認識において違いがあるとすれば、それはまさに、この「非理性」を実現しようとする自覚的な意志の存在という一点においてである。

「遊び」という行動領域の文化史的な発見は、こうしてホイジンガを、漠然とした「本能」

という概念によって人間行動のある側面を意味づけ了解する因習から、大きく認識論的に飛躍させ、深化させることになった。まさに身体文化の遊戯的な側面への注視によって、本能と知性を二分化し、自然と社会を峻別してきた旧来の思考の陥穽を飛び越え、環境と、記憶と、神経系と、行動プログラムと、さらには非理性の発動とが複雑にからみあいながら生みだされる「遊び」の豊かな消息と、それがもたらす根源的な「おもしろさ」の感覚へとホイジンガは遡行しようとしたのである。

『ホモ・ルーデンス』は、古今東西の人類文化の黎明期に見える「遊び」の要素を博覧強記によって描き出した名著であり、たしかに近代スポーツを中心的に論じたものではなかった。しかし、西欧の近代スポーツのなかにも残存する「遊戯的精神」（ルドゥス）を探り当てようとするかたちで、一九世紀以降のスポーツにも言及している。だがホイジンガのスポーツにかんする議論は、批判的な色彩が強い。遊びという非理性的な文化の浸透が人類文化の豊穣さを保証してきたとするなら、近代社会はそれを大きく後退させてしまった、とホイジンガは見る。

一九世紀の西欧で完成する近代スポーツの体系的組織化、形式化、さらに外的な力（教育あるいは軍事）にもとづく訓練強化といった事実によって、スポーツは遊びの領域を去っていった、というのである。ホイジンガにとっては、とりわけスポーツにおける職業専門家と素人愛好家との分離が決定的な根拠となる。職業スポーツにたいし「任意性と天衣無縫の大らかさがそこにはもう見られない」として、彼は近代社会の制度化されたスポーツを、文化の創造活動としての「遊び」の自発性を失いかけた形骸として批判するのである。

そうした批判の当否を論ずる前に、もう一度、ホイジンガが動物と人間に共通してみられる「遊戯性」（ルドゥス）の基本的特性としてあげたものを列挙してみよう。戦い、演技、挑発、華やかな装い、何かのふりをする仕草、限定された規則……。たしかにこれらの要素は、一見したところ、近代スポーツの競技にも、そしてサッカーのフィールドにも、まさにそのものとして展開し、それによって興奮と面白さとが生み出されているものであるかのように見える。にもかかわらず、本能を超えたこれらの身体的表現の豊かな消息を、近代スポーツがどこかで取り落としているとすれば、私たちの目の前に展開する現代のスポーツとは、そしてサッカーとはいったい何なのだろうか。ホイジンガの反＝本能論としての遊戯身体論は、そうした本質的な問いかけを私たちに突きつけてくるのである。

ホイジンガが遊戯を精神性の余剰的・非理性的な発露としてとらえて刺戟的な議論を展開するよりも数年早い時期に、やはり人間の遊戯性を「本能」的決定論の領域から切り離し、それを近代スポーツのもたらす快楽への本質的な考察へと展開した注目すべき思想家が、中井《なかい》正《まさ》一《かず》であった。京都大学の哲学科で美学を専攻した中井は、しかし原理的な哲学の著作を一冊も書くことなく、シュルレアリスム、探偵小説、ジャズ、映画、そして委員会の論理や図書館といった、大衆文化と公共性の領域を結ぶ多様な社会領域について精緻な考察をエッセイ（試論）という形式で続けた独創的な思想家だったが、その中井の初期の思考が展開された一つの重要なフィールドがスポーツであった。「スポーツの美的要素」（一九三〇）および「スポーツ気分の構造」（一九三三）の二篇のエッセイには、現在の私たちがスポーツを文化・社会批評として論ずるための非常に刺戟的な創見をいくつも発見することができる（上記二篇を含む中井のエッセイの主要なものは長田弘編『中井正一評論集』〔岩波文庫〕に収録されている）。

　中井はまず、ドイツをはじめとするヨーロッパの社会学や美学の諸学説への周到な目配りをもとに、近代のスポーツ研究の中心に遊戯論があり、しかもそれらの研究はいずれも遊戯およびそれがもたらす快感をもって人間の一つの「本能」として記述してきたという事実を確認する。過剰エネルギーの無用な放散であるとする説、動物の生存本能としての狩猟・戦い・育児・模倣の表現であるとする説、生産機能の過度の使用から疲労を癒す対抗本能としての気晴らしであるとする説、あるいは精神分析的な「抑圧の解放」であるという説など、それらの諸学説の論調は異なっているが、いずれもスポーツのもたらす快楽が人間の遊戯本能を満たすためのものであるとして結論づけられている点が、中井には不満であった。中井は、「本能」という概念があたかも学問の屑籠でもあるかのように「それに投ずることで、言わば命名の魔術の中に、凡ての解釈はあたかもゴールラインに飛込んだランナーの様に、その進行を停止している。私達の解釈はそこからむしろバトンを受取らなければならない。そのゴールラインをスタートラインとしなければならない」（「スポーツ気分の構造」）と述べて、スポーツを律する遊戯的な作用、すなわち身体的技術を基調とする一つの実存、あるいは「存在の会得並びに解釈に対する一つの通路」を、あらたに「スポーツ気分」と名づけて考察に踏み出そうとする。中井は、「本能」としてこれまで自明視されてきたスポーツ気分の根幹に、人間の実存や感情の構造を決定づけている美学的な力を読み取ろうとしたのである。

先のランナーの比喩のように、中井のスポーツ論は、(サッカーについての直接の言及はないものの)ラグビー、野球、陸上競技、ボートといった、近代スポーツ競技の実践的な感覚に裏打ちされた身体技術と気分の機微を、精緻に理論的に記述しようという情熱に貫かれているところに大きな特徴がある。中井のそうしたスポーツ実践者・競技者としての実存に裏打ちされた議論は、大きく分けて筋肉操作にかかわる議論と、競争性にかかわる議論とに大別することができる。

中井のいう「スポーツ気分」の核心には、まずなによりも、筋肉が筋肉自らの行為をその内面の神経をもって評価し、そこに深い快適性を感じ取るという直感的メカニズムがあった。たとえばあらゆるスポーツが持つ「型」が会得されてゆく練習や訓練の過程について述べながら、中井はあるスポーツマンが「型」(あるいは「コツ」「呼吸」)をつかみかけたかと思うと、それが失せてスランプに陥り、やがてまたそれがふと甦ってはじめて身体的会得の領域にたどりつく快楽を、筋肉にとっての至上の気分であると評価しつつこう書いている。

よきスポーツマンのスランプはこの「判らなく」なった期間を指す。この山と谷を越えて、フォームは漸く甘味《うまみ》を盛って来るのである。この時の上に熟して行くところの、成長そのものを筋肉の中に味う気分こそ、スポーツマンのもつ最も得意な微笑である。(……)フト何でもなくこれまでいわれつづけたところのものが判ったとき、会得できたとき、腑におちたとき、即ち出来たときの気分は、全く朗かである。それは時そのもののみずから熟して行くところの時の甘さそのものの中に酔うこころもちである。

(「スポーツ気分の構造」)

こうしてスランプや失敗からの不意の筋肉の離脱と飛翔のなかにスポーツの本質的快楽を探り当てる中井は、また、疲労や苦痛といった障害に抵抗してそれを耐えきり、その状況を打ち破ってゆく筋肉(根性ではなく)の能動性にも、やはり同じような本質的な「微笑気分」を見いだしている。こうした時の成熟とともに一瞬訪れる肉体的な「冴え」を生み出すメカニズムの根底に、中井は「筋肉操作の洗練性への深い信頼」(「スポーツの美的要素」)があるとする。そしてこれこそが、筋肉が主観と客観とをともに奇蹟のように体現し、瞬間に消えゆく純粋に行為的な美感を創造する至上の条件であるとされるのである。

中井のもう一つの視点は、スポーツの「競争性」の部分に注がれる。それは一般には「闘争本能」というような語によってあたかも自明のものとして語られる領域であるが、中井のこのテーマへのアプローチはきわめて斬新である。通常、闘争心とは最終的には相手（敵）に「勝つ」ために合目的化されている心理であると理解されてそれを疑う者はいないが、中井はスポーツにおける闘争や競争の対象は敵（相手、相手チーム）ではなく、グラウンドに引かれた白線、円、領域、といったものがつくりだす「物理的間隔」であると、まったく予想外に述べる。中井によれば、グラウンドでの選手の昂奮は、すべてこの、競技を物理的に形成する幾何学的・空間的要件が、選手の肉体に挑みかかる気分に由来するのである。中井は書いている。

即ちその白い線の一々はそれに沿って人間の肉体と技術の全機能を挙げて走り闘い争うところの血の構成の一部分であることを理解しているが故である。そこでは物理的間隔Abstandは単なる間隔ではなくして、それを走破し、追抜き、到達しつくすべき存在的距離Entfernungである。この単なる間隔を身体的力によって距離的性格に転換するところの転換契機が即ちこの緊張した気分の中に働いている。

（「スポーツ気分の構造」）

単なる物理的「間隔」であるものを、肉体と技術を賭けて闘い抜くべき「距離」へと転換する空間的感覚こそが、スポーツ気分の昂揚を生み出す競争性の基礎にあるというこの指摘は、スポーツをナイーヴな精神主義と競争主義の罠から救出するために、現代の私たちにとって非常に示唆的である。しかもこの指摘は、サッカーグラウンドに散ってキックオフを待つわずかな時間に選手たちの心を満たしている昂揚を、白線と、ラインによって区切られた領域と、遠くに白く光るゴールポストの誘惑とがないまぜになった空間征服の衝動として、まったく見事に語りえてはいないだろうか。

中井がいう「スポーツ気分」によって瞬時に体感する筋肉と競争をめぐる実存の微細な機微をとらえうる批評的言説だけが、「本能」というような用語の惰性的使用によってサッカーの本質的な喜びと快楽を何ものかにすり替えて満足することから、サッカー批評を救い出すことができるのである。

Aldemir Martins, Jogador de futebol, 1968.

独学で絵画を身につけたアウデミール・マルチンスは、生まれ故郷セアラの熱帯の野生の動植物を色鮮やかに描きだすことで知られた。サッカー選手も、彼の筆にかかるとまるで草原を疾駆する敏捷なジャガーのようなエネルギーを発散する。

陶酔論

5 ドーピングの淵から

二〇〇〇年が明けてまもなく、すでにその栄光は汚れきったものとして過去形で語られることの多くなった一人の天才サッカープレーヤーが、ニュース・メディアの片隅の話題をにぎわせた。ディエゴ・アルマンド・マラドーナ。アルゼンチンに生まれた、異形きわまる不世出のフットボリスタである。

一月一八日、メディアは、マラドーナが麻薬中毒症状からのリハビリ治療をキューバの病院にて行うためハバナの空港に下り立った、と報じた。すでに年明け早々、正月休暇を過していたウルグアイのリゾート、プンタ・デル・エステの病院に、高血圧と不整脈の症状で緊急入院したマラドーナの肉体が、長年にわたるコカインをはじめとする麻薬の常用によって瓦解寸前の状態にあることは誰の目にも明らかだった。ハバナのホセ・マルティ国際空港で彼を取り囲んだ記者たちに、右上腕部に彫り込んだ同郷の革命家チェ・ゲバラの刺青を誇示して自らのキューバ贔屓を肉体的に表したマラドーナではあったが、その上半身の異常な肥満と、顔の醜いむくみややつれに、人々はいやおうなく麻薬の深い痕跡を感じ取った。麻薬と暴力（彼はまた自宅の窓から記者に発砲した罪で有罪判決を受けてもいた）のスキャンダルにまみれてひたすら堕ちてゆく偶像の悲惨な運命……。社会はマラドーナにこんな紋切り型の宿命を負わせたまま、かつての天才プレーヤーの記憶をなつかしく惜しむふりをしつつ、彼の存在そのものを冷酷に切り捨てようとしていた。

だが、麻薬への陶酔によって蕩尽された肉体を引きずって、ハバナというラテンアメリカ随一のバロック都市の襞の内奥を苦悩に満ちた面持ちで彷徨するかのようなマラドーナを、私はなにか久しぶりに電光に刺し貫かれたような衝撃と興奮によって受け止めた。そのとき、私自身のサッカーへの愛と陶酔の感情が、考えてみれば、ハハナという私のよく知る街の装飾的な細部にたいする愛と陶酔の感情と、寸分の違いもないものであるとなぜかひらめいたからである。その連想は、たんなる私的な妄想であるとかたづけることもできよう。しかしイメージはひたすら強烈に、私の想像力を刺戟しつづける。麻薬への惑溺をハバナで癒そうとするマラドーナ……。その癒しが医学的に実効あるものとなるかどうかへの関心などみじんもないまったく別の地点で、私は、いまこそ、マラドーナという二〇世紀における稀有のフットボール革命家を真に理解する鍵を与えられたかのような気がして、静かに興奮した。

現実に麻薬中毒のリハビリ治療が急務であるマラドーナにとって、出国先の選択肢は三通りあったようだ。一つは、やはりサッカー選手の弟ラロが住むカナダのトロントであり、もう一つはアメリカ、フロリダ州のボカ・ラトンにある施設であり、第三の選択肢がキューバである。だがいうまでもなく、麻薬の常用者であることを公言し、すでにイタリア・セリエA在籍時代の一九九一年に一度、そして一九九四年アメリカ・ワールドカップ大会の最中にも一度、ドーピング（興奮剤の使用）によってそれぞれ一五カ月の出場停止処分を受けた麻薬服用歴の「前科」あるマラドーナにたいし、カナダやアメリカ政府が容易に入国ヴィザを発給することはあり得なかった。その意味でキューバとは、麻薬への社会的スキャンダリズムの言説と犯罪包囲網によって覆いつくされた「健康」を建前とする文明社会から追放された者にとってかろうじて残された避難所であり、この、強者による排除の論理をかならずしも標榜しないほとんど唯一の医療大国にマラドーナが落ち着かざるを得ないというのも、ある意味で当然のなりゆきではあったことになる。

だが私の言いたいのはそのことではない。「ハバナのマラドーナ」という構図に機知以上の必然を感じ取るためには、遠回りのように思えても、まず近代スポーツにおけるドーピングという主題の歴史的内実と政治性とを、ジャーナリスティックな議論に惑わされることなく、精確に理解しておかねばならない。

　社会的に流通している「ドーピング」という概念は、基本的に二つの意味論によって構成されていると考えられる。まず一般的な用法として、ドーピングとは人為的な手段によって人間の身体運動能力を増進させることを指す。近年では、人為的な手段とは一般にドラッグ（化学薬品）の服用のことであり、とりわけ雄性ホルモンの合成によってつくられた筋肉増強剤アナボリック・ステロイド（蛋白同化型ステロイド）の摂取を意味する場合が多い。

　だがドーピングという主題の複雑な様相は、その第二の意味論、すなわち身体能力の向上をめざして行われるこのドーピングじたいが、誤った、不当な手法であるという推論のもとにつねに監視・管理下にあるという点に由来する。そして、ＩＯＣ（国際オリンピック委員会）をはじめとするあらゆる競技スポーツの運営団体、ジャーナリズム、そして世論一般がドーピングをスキャンダラスなものとして却下するのにたいし、多くのエリート競技者はドーピングをかならずしも違法で不合理なものとは見なしていない、という矛盾がこの主題の錯綜した性格を物語っている。

現代におけるドーピング問題の焦点の一つは、まさにドーピングを実践しつつ、それが判明することを防止しようとしてさらに薬物を摂取するプレーヤーの逆説的な行為にある。とりわけ、筋肉増強剤をはじめとする禁止薬物の服用は、それを検査によって追跡されないための「マスキング・エージェント」としての効力を有する遮蔽薬物の服用とセットになって行われている。どちらも薬理学的には共通した知識の上に立ったドーピングとアンチ・ドーピング(検査)の技術的対立は、この点で検査薬の裏をかこうとするマスキング・エージェントの開発と、さらにマスキング・エージェントの服用によっても無効化されない検査技術の開発というかたちで、終わりのないイタチごっこの様相を呈している。こうした状況をドーピングの本質的な矛盾であるととらえるかぎり、それは、いわば高度な「薬理学的」社会として自己形成した現代社会における、純粋に薬理技術的なパラドクスの問題としてみなされることになるだろう。

だが、ひるがえって歴史的にみてみると、人為的な方法によって身体能力を高めようとするドーピングへの人間の欲望は、ほとんど有史以来の人類の夢でありオブセッションでもあったことが人類学的な知見によって明らかにされている。よく知られたメキシコの先住民タラウマラ族の場合、部族の儀礼的な要請を満たすため成人を迎えた若者は三日間休むことなく五〇〇キロにも及ぶ距離をひたすら走る通過儀礼を課される。この想像を絶するほど過酷な肉体への試練をまっとうするため、タラウマラ族は乾燥させた亀の肉、コウモリの生き血、そして「ペヨーテ」と呼ばれる幻覚性のサボテンを摂取することによって通常では得られない耐久力と意識の高揚状態をつくりだす。メキシコ北部に自生するペヨーテに含まれるメスカリン系の化学物質がとりわけ身体能力の増強効果をもたらすことは広くインディオ文化に知れ渡っており、コーラ族、ウイチョル族といった近隣の部族文化においても、ペヨーテの同様な儀礼的使用がいまでも行われている。こうした事例は、ドーピングの基本的な思想が人類の伝統文化以来の継続的な事柄であったことを物語っている。

　部族文化を引き合いに出すまでもなく、ドーピングの思想が広く現代の私たちの社会においても普遍的に共有された文化であることを例証することは容易だ。スポーツ競技のフィールドから遠く離れた現場において、ドーピングの技術は性的、軍事的、学問的、芸術的な身体性・精神性の増進のため、さらには労働生産性の向上のため、広範に使用されている。たとえば、米国などではプロの音楽オーケストラのメンバーのあいだでアドレナリン抑制効果を持った「ベータ・ブロッカー」（ベータ受容体遮断薬）と呼ばれる抗不安剤の一種が使用されていることはよく知られているが、緊張した舞台での演奏技術の低下を食い止めるためにごく普通に使われるこの薬物は、スポーツの現場においてはＩＯＣの薬物委員会でドーピング規制に抵触する禁止薬物にすでに指定されている。

このようにみてくると、ドーピングの問題はかならずしも薬理学内部の技術競争に由来するパラドクスの問題ではないことが判明する。むしろ人間文化において広範に認められてきたドーピングの思想が、近代スポーツという領域においてのみ、なぜこれほどまでにデリケートな扱いを受け、さまざまな規制と処罰とスキャンダルの源泉となっているのかという点が問われねばならないのである。

近代スポーツ競技の歴史はドーピング技術の発展の歴史でもあった。すでに一九世紀末には、酸素の吸入による運動能力増進の実験がなされ、この技術成果は一九三二年ロサンゼルス・オリンピックの水泳競技における日本選手の活躍の一要因ともされている。さらに二〇世紀前半には、猿の睾丸の一部移植、紫外線の照射といった方法が考案され、現実にスポーツの領域に導入された。しかしなによりも、筋肉増強剤や興奮剤といった化学薬品の過剰な使用が恒常化し、選手の健康や競技の公平性に著しい支障が出ることが判明した一九五〇年代以降、スポーツ界におけるドーピング規制の圧力が急激に強まることになった。したがって、スポーツ界全般における現在の問題意識は、こうした人為的な手段による身体運動能力の増進技術をスポーツ競技において適用する限界をどこに設定すべきかという点にあるといえよう。

　ドーピングの限界を設定して規制しようとする根拠は、おおむね三通りの視点から考察することができる。第一はドーピングを公平性を旨とするスポーツマンシップの理念から見て疑問視する、いわば社会道徳的な視点である。第二は、副作用による選手の健康の阻害を指摘する医学的視点である。そして第三には、「不自然」な方法によって人間の身体や器官の働きを変形・加工しようとする点に疑義をとなえる、いわば哲学的な問いかけである。

　スポーツ競技が公平・平等な条件のもとでの競争を前提としているかぎり、たしかにドーピングの無条件の容認は選手の身体的な偏差を恣意的に増長させ、結果として正当な「真剣勝負」の成立を阻むように見える。第一の社会道徳的な視点はこの疑義に立脚しているが、こうした視点は現実に起こっていることからすでにはるかにおくれをとった、あまりにナイーヴなスポーツ理想主義に陥っている。陸上競技や自転車競技といった、いまや筋肉と心肺器官の能力の勝負に還元されかけた観のある競技においては、すでに少なくともエリート選手相互のあいだでは、敵がいかなる薬物をどのようなプログラムで摂取しているかの情報はほとんど共有されており、皮肉にもそうした「公平」な条件のもとでドーピングを実践する選手にたいして、抜き打ち的なドーピング検査の権威力が行使される、という構図になっている。こうした状況を見たとき、競技の理念的「公平性《フェアネス》」を根拠にドーピングを規制するという論理は、すでに過剰に薬理学化したかたちで維持されている公平性の支配する皮肉な現実のなかで、破産してしまっているといわざるを得ない。

副作用による健康の阻害という論拠も、一見正当な医学的論理ながら、矛盾をかかえている。すでにスポーツの領域に限らず、薬物が与える健康にたいする甚大な影響は広く認められており、（卑近な例ではバイアグラがそうであるように）それは摂取の際に誰もが共有するリスクとしてみなされている。現代社会の日常的なレヴェルでは過度の飲酒も喫煙も、個人の健康管理をめぐる自己責任の問題として処理されているのも同じことで、芸術家やミュージシャンの個人的嗜好にもとづく薬物使用などについても、それが健康を害するから一律に規制・処罰すべきだという議論はおこらない。だとするなら、問題の核心はスポーツ選手の健康にあるのではなく、健康への阻害という当たり前な論拠をカモフラージュとして前面に出して規制しなければならないなんらかのイデオロギー的編制が、ドーピングを敵視する権力のイデオロギーの中に隠されていると考えるしかない。

そして第三の論拠としてある「不自然」な身体加工というロジックのなかにこそ、このイデオロギーを暴き出す鍵が隠されている。ここでいう「不自然」（人工的な資材による）とは何を指しているのか。そもそも「自然」と「人工」（不自然）とを明快に区別する一貫性あるクライテリアがどこにあるのだろうか。人間の身体を前にして、自然と人工の境界を画定しようとすればするほど、そのあわいの領域はますます不明確なものとして靄に包まれてゆく。タラウマラ・インディオの使用するペヨーテは、体力増強と意識高揚の両方の作用を持った植物であるが、この服用は自然なのか不自然なのか。これを伝統的儀礼文化の有機的な「自然」現象の一環であるとし、現代人のペヨーテ（＝メスカリン）の摂取をたんなる嗜好にもとづく不自然なものであるとしたとき、そのちがいは薬物の占める文化的な意味論のちがいということになる。だが、伝統社会の宇宙論とは異なったもう一つの儀礼主義文化の現われとして現代社会の麻薬文化をみなすならば、麻薬の位置づけも「不自然」なものであるとは言えなくなる（この点はヴァルター・ベンヤミンの『陶酔論』によりながら、次章で詳述する）。あるいは話題をスポーツにおけるドーピング技術に限定するとしても、自然と人工の境界は判然としない。七〇年代にスウェーデンで開発され、八〇年代のドーピング規制において議論となった、自己の血液の再輪血によって赤血球値を高めるよく知られた方法は「不自然」なのか？　あるいは、八〇年代末に話題となった、妊娠という「自然」現象を利用した女性選手のホルモン変化の誘導が競技における運動能力の増進につながるという理論は「不自然」なのか？　こうした過去のドーピングにおける薬理技術的な歴史を見るだけでも、「自然」と「不自然（人工）」を客観的に画定する根拠がどこにもないことがしだいに明らかになってゆく。

そしてまさにこの地点で、「自然」なる身体という概念が近代社会の発明品であったという事実が露呈するのだ。近代の合理主義的・科学主義的な身体観こそが、人間の身体における「自然」と「不自然」の峻別をイデオロギーとして要請した。近代スポーツは、忠実にかつ無意識に、その「自然化」された理想的な身体を概念モデルとして戴き、そのイデオロギーに立って過剰なドーピングにたいして権力を振りかざしている。そして近代スポーツの理念である「公平性」や「健全性」の神話もじつはこのイデオロギーのヴァージョンにすぎない。プレーヤーの身体を、無色透明の自然体として措定し、スポーツ競技において汚れのない健全なる肉体が平等の競技を戦いあうという欺瞞的な理念こそが、学校教育の現場はおろか、プロのエリート・スポーツの領域にまで、抑圧的な神話として機能しているのが現在なのである。

言い換えれば、アンチ・ドーピングの制度とは、まさに近代スポーツの理念の根幹を支える身体の「公平性」「健全性」「自然性」という神話を維持するための権力装置として機能しているのだ。しかもそれらの神話が、現実のドーピングによっておのずから神話として暴露されてしまう危険にさらされればさらされるほど、逆に神話維持のための権力装置の発動は自己目的化し、ドーピングの現実に対峙すべき思想的根拠をあらたにつくりあげてゆく柔軟性を失ってゆくのである。

　最終的に、このドーピングをめぐる政治学の考察は、近代の擬制的な自然身体観の編制を理念としてつなぎ止める権力装置が、スポーツという社会領域にもっとも突出して発動されたのはなぜか、という本質的な問いかけにいきつく。これについての詳細な議論は別稿に譲りたいが、ここでは、現代のスポーツ競技が、身体運動の統合的なスペクタクル（見世物）として、もっとも凝縮された身体のリアルな展示性を保持しているからだ、という点を示唆しておきたい。近代の身体イデオロギーとは、それが立脚する擬制的な身体観が実体視する、あくまでリアルな「肉体の証拠」を限りなく求めるシステムなのだ。スポーツとはその意味で、近代におけるもっとも簡潔に展示された身体リアリズムの劇場であることになる。そしてマラドーナとは、いわばそうしたリアリズムが支配する身体展示場の舞台から権力によって意図的に放逐された、「不健康」で「不自然」な忌まわしい怪物にちがいないのである（スポーツにおける身体のリアルな展示への強迫観念については拙稿「ヴィジョナリー・スポーツ賛」、『ジャック・マイヨールの遺産』［竹谷和之編、叢文社、二〇〇七］を参照）。

ここまできて、ようやく私たちは、マラドーナという稀有なサッカープレーヤーの肉体にみなぎる本質的な叛逆の志向性のありかを論じるスタートラインに立つことができる。この地点から、初めて私たちはマラドーナという、本来的に身体的「異形性」を帯びたプレーヤーに無意識のうちに抑圧の照準をあわせた近代スポーツのイデオロギーの暴力に対し、マラドーナが、いかに孤独にして徹底的な戦いを挑みつづけたかを精査することができる。そのなかで、マラドーナが沈潜していった麻薬による「陶酔」が、サッカーにおけるより豊穣な「自然」の消息を伝える秘儀的な方法と通底していることの意味を、より深く吟味することが可能となる。

ドーピングのスキャンダルを伝える記事は世界のスポーツ・メディアを定期的ににぎわせている。サッカーの現場でこの問題がはっきりと表面化したのは一九九〇年代末のことである。たとえば一九九九年末のイタリアの新聞は、選手の実名を掲載して、組織的な血液ドーピングに関与していた自転車やノルディックスキーのナショナルチームのスキャンダルを大々的に報じたが、これを受けてサッカーにおいても、国際オリンピック委員会とＦＩＦＡとのあいだで、ドーピング違反制裁としての出場停止期間の適用の問題に関し、両者の思惑の違いによる反目が長期間つづいた。少し前の九八年六月には、フランス代表でアーセナルに所属するエマヌエル・プティが、ヨーロッパリーグの多くの選手が、最新の戦術が要求する法外な運動能力と、休みない過酷な試合スケジュールとに対処するために、さまざまな薬物の使用を常態とせざるをえない実情をメディアに訴えて注目された。それ以後、オリンピックの厳格なドーピング規定をそのまま自動的に適用することは、各競技そのものが成立する根底をくつがえしかねない行為として、矛盾をはらんだまま放置されている部分もある。

ドーピングとアンチ・ドーピングの不毛な抗争がエスカレートしているこのような現状のなかで、マラドーナという未曾有の叛乱者を、堕ちた偶像として、あるいは麻薬に汚染されたヴァーチャルな身体・意識加工モデルとして、切り捨てることなどけっしてできるはずはない。ドーピングおよび麻薬への省察は、まったく予想もしなかった地点から、サッカーがその本質的な美と快楽性の相のもとで開示しようとしてきた真の「身体の自然」を愛する道程を、照らし出してくれるからである［この主題は後半の第6章に続く］。

ハーフタイム

Intervalo

ブラジルの勝利に熱いものがこみ上げてきて止まなかった。選手の自在でスリリングな動きに痺れ、勝利の瞬間にはこぶしを突き上げ、はては優勝したチームが歓喜のなかで踊る輪のなかに自分自身をすべりこませて深い満足感に浸った。これほどブラジルチームに一体化できる自分にあらためて驚いた。

日本ではなくなぜブラジルに、と問われれば、ブラジルのフチボル（サッカー）を愛するだけの経験的な内実が自分のなかにできあがったからだ、と答えるしかない。

毎年のようにサンパウロに何カ月か住んでその社会の内奥をのぞきこみ、人々の日々の喜びと畏怖の感情に触れ、自分をそんなブラジル的日常のなかに投げ出して、ブラジルが与えてくれるものを刺戟と共に受け取ってきた。そのなかで、フチボルへの愛がブラジル人の魂のもっとも深い部分で彼らの日常的な感情の統合を創りだしていることに気づいた。サッカーを単に娯楽として消費するのではない、それに支えられ、それを支えながら生きる互酬的な「サッカー文化」の深い消息を発見して心打たれた。

　サンパウロに住むブラジル人の友人は、優勝が決まってすぐ私に思索的な電子メールを送ってきた。ロナウドとロナウジーニョが終始喜びを全身にあらわしながらプレーしていたこと、これがチーム全体に伝染し、結果やミスへの不安や恐れをぬぐい去り、遊戯的な快楽に満ちたプレーと勝利への深い確信とを合体させた、と彼は書いていた。そして「ブラジル人はその合体を信じ、勝敗という結果への拘泥を乗り越えたうえでブラジルの勝利を疑わなかった」と。

　友人が、ここでの「合体」という意味をポルトガル語の「結婚《カザメントゥ》」という言葉であらわしていることに、私は深く心揺さぶられた。フチボルを語る言葉が、こんな語によって修飾されることを。ここでは、人間同士の愛を日常に結びつける結婚という現実がはらむ複雑な機微のなかでフチボルが想像されている。フチボルが、人間のひたむきで真摯な日常の感情と倫理をまっすぐに受けとめる。そしてそうした現実を、私が胸いっぱい呼吸していたからこそ、ブラジルチームへの私の没入は深い内実を与えられて輝かしく燃えたのにちがいなかった。

日本人の多くが、その国家的帰属ゆえに形式的に日本チーム（の勝利）を応援するのとは決定的にちがう何かが、ここにはある。あえていえば、彼らはブラジル国民であるからブラジルを応援するという自動的・無自覚の関係を突き破るために、ブラジル・サッカー《フチボル・ブラジレイロ》のなかに人間としての日常の美学と倫理をたえず厳しく求めつづけるのだ。失点への不安という抑圧を振り切って、遊戯的で美的な強度をもったゴールを追及しつづけた今回のチームが、ブラジル人の生きる愛と情熱を奮い立たせたのも当然であった。

決勝戦前日、私はソウルにいた。赤のTシャツに染まった熱狂のなかにも、人間の一体感への深々とした理解があり、一過性の集団的陶酔で終わらない成熟した気分があふれていて、韓国社会の変化を強く感じた。

ワールドカップの熱狂をナショナリズムの一語で説明し尽くすことはできない。国旗を背負うチームに何が投影されているのか、その繊細な現実のありようを、抽象的な国家という枠組みの外でも考えてみることが必要だ。そうでなければ、二五万人にものぼる日系ブラジル人たちが、はるかなる想像上の祖国であった日本に過渡的に身をおきながら、彼らを生み育てた母国ブラジルへの強い思いを込めて緑と黄色の国旗を振っていた事実を真に理解することはできないだろう。あの派手なブラジル国旗のなかに統合されてはためく、脱歴史的なサウダージの感情に染め抜かれた不可視の日本国旗を想像することもできないだろう。

日本対トルコ戦でどちらを応援するか悩んだ韓国人、あるいは直接対戦することになったトルコ対韓国の三位決定戦にのぞんだ韓国人は、朝鮮戦争（韓国戦争）に友軍を派遣したトルコとの特別の関係への記憶を不思議な偶然によって喚起しながら、現代政治史の錯綜した国家的利害関係を超える地平にすでに私たちが立っていることを直感したかもしれない。一つの国家代表が別の国家代表と戦いながらも、すでにそこには単純な勝敗原理によって決着がつけられてしまうようなナショナルな対抗原理は存在せず、国対国の構図は幻想的なイデオロギーの残滓であることが、見破られようとしていたのである。

ソウルは熱く、ブラジルも燃えた。そして私たちも、自国チームの敗退に意気消沈して、頂点へと登り詰める他者の熱狂を醒めた目で傍観するだけではすまないなにかが、そこにはあった。日本チームが舞台から去ったあとも、このワールドカップは日本人一人一人に、国家との関係をめぐる自己の身振りを点検する貴重なレッスンを与えつづけていた。

（二〇〇二年の日韓共催ワールドカップ大会終了直後に）

後半

Segundo tempo

陶酔論［続］

6　身体の自然を愛すること

前半の最後において私たちは、ドーピングという問題系が近代スポーツの持つ「自然なる身体」という神話への過剰な信仰と深く関わっていることを確認した。ドーピングを抑圧しようとするあらゆるシステムと言説は、「身体リアリズム」の展示場として意味づけられてしまった近代スポーツへと向けられた、「健全」で「自然」で「公平」な身体を擬制的に理念化し維持しようとする強固なイデオロギーの共犯者であった。

そうだとすれば、近代スポーツはほとんど例外なく、身体の見本市として公示されたアリーナに展開されている光景が身体リアリズムと健全性の理念を正しく反映しているかどうかという点において、見えざる権力による継続的な審判を受けつづけることになる。スポーツにおけるおよそすべてのスキャンダルとは、多かれ少なかれ、この審判＝審級のプロセスにおいておこる不整合、抵抗、非難の謂にほかならない。そしてドーピングこそが、現在考えうるもっとも厳格な審級が下される現場なのである。

　ドーピングの意味をこのように位置づけることは、しかし、サッカーにおける「陶酔」そのものについて批評的な水準を画定しようとするここでの試みの、いわば準備段階にすぎない。なぜなら、ここでとりあげたい真の問題系は「ドーピング」という個別的事象のなかにあるのではなく、「陶酔」をつうじてサッカーのなかで奪還されうる「主体」と「理性」の真正な力を画定することにあるからだ。サッカーをめぐる運動性の原理のもっとも深部にある「陶酔」の諸力を、ドーピングと社会常識が示す麻薬的陶酔へのイデオロギー的抑圧と倫理的偏見によって否定的なものとして取り違えることは、許されない錯誤である。

　そしてこの点において、麻薬（興奮剤）の使用を筋肉増強剤の使用と並べて「ドーピング」という問題系のなかに回収して事足りるとする従来までのスポーツ論が示す知的な怠惰は、人間による「陶酔」の探求がもっている可能性への想像力を完全に欠落させたものだったといわざるをえない。スポーツを麻薬的な自己逃避と身体の破壊的投資の弊害から守ろうとするあまり、そうした思考はスポーツが陶酔をつうじて自らの本質へと帰ろうとする衝動をも、否定してしまったのである。サッカーへの愛が、そこではサッカーという制度の維持への愛へと横滑りしている。したがって、近代における自然身体のイデオロギー的神話が押し殺した、真正なる「身体の自然」を探し求める道は、ドーピングという抑圧的な思想の歴史性・政治性をただ暴露することによっては達成されない。私たちは、むしろ麻薬的陶酔という世界に自ら入り込んでそこから主体の力の源泉についての多くの洞察を持ち帰ったヴァルター・ベンヤミンの『陶酔論』に拠りながら、サッカーにおける「身体の自然」を陶酔によって奪還しうる瞬間の光景を描写しなければならないのである。

ハバナの街の装飾的細部の緻密な構成と奔放な運動性に一度でも心打たれたことがある者ならば、この街がその表層をつうじて私たちに無数の多義的な物語を語る能力を持ちあわせていることを知っているはずだ。旧ハバナ市街の中心に位置するパルケ・セントラル（中央公園）の真正面に聳える壮大なバロック建築であるガルシア＝ロルカ劇場の装飾的な壁面をなめまわすように視線を走らせていると、ある陶酔の感覚が走りはじめる。そしてその眩暈を意識の中心点に据えて自己の感覚を開いてみると、過剰な装飾が表層の模様としてさし出すイメージの背後から、植民地バロックの綾織りの歴史の複雑な絵巻が不意に浮かんで来るのがわかる。表層という末端の構成が、内奥のどこかですべてを規定している事象の本性（自然の姿）をこのとき指し示すのだ。

そうした多義的な装飾によって埋め尽くされた街ハバナに、麻薬で陶酔した意識を引きずりながら彷徨い入ったディエゴ・マラドーナ……。この二者の遭遇の構図は私の想像力をいたく刺戟する。一七〜一八世紀に栄華をきわめた植民地バロック建築の粋をその旧市街に集めたハバナの都市空間の表層は、まさに絢爛たる装飾過多と迷宮的な街路の交差によってみたされている。そして麻薬による陶酔は、装飾によって表面的に隠蔽され接近困難となった多義的な世界への真の通路を人々に発見させる。おそらくはマラドーナにさえ。彼はこの迷路の街なかで、装飾に満たされた眩暈が思いもかけない真理を彼に告げる瞬間を経験しただろうか……。装飾の前でほど人間の把握能力が麻痺していることはない、とヴァルター・ベンヤミンは書いた。そしてベンヤミンは麻薬によってこの麻痺を逆にふりほどこうとした。麻薬陶酔は、装飾を前にした感覚的な麻痺に風穴を開け、装飾によって示された「世界の多義性」と「多解釈性」へと一気に進入する力を与えるものだったからである。

—

少なくとも二つの側面から眺めることのできない装飾は存在しない。すなわち、一つは面の構成として、もう一つは線の変化として。しかも、実にさまざまのグループに区分けできる模様は、線的にもいろいろ結びつけて考えることが可能なのである。

ベンヤミンのハシッシをはじめとする麻薬実験の記録である『陶酔論』のなかのこの一節を、サッカーのフィールド上に展開するプレーヤーとボールと白線と領域がつくりだす絵柄にそのままあてはめてみたいという衝動を抑えることが私にはできない。サッカーにおけるこれらの要素の配置は、まさに瞬間瞬間において、無数の微分的な線の運動性と、積分的な面の多様性とを内包している。そして表面的には一つの装飾的絵柄として見えるこのフィールド上の構図のなかから、どれほどさまざまな側面、内容、意味を瞬時に引きだしてくる能力を持っているかがプレーヤーの優劣を決する。それはまったく、麻薬による陶酔がもたらす多感で閃光のように鋭敏な感覚が、装飾的な模様の表面的な静止状態のなかから、生命のめくるめく流動とゆらめく真理の光輝をみごとにつかみとる様子に酷似している。現前の状況を絶えず可変的なものへとずらし、多義性と多解釈性とに感覚を開きつつ待機すること。ベンヤミンが麻薬陶酔をつうじて直感した世界の敏捷なありようは、私の考えるサッカーの機敏な運動原理になんとよく似ていることだろう。

すると『陶酔論』の数多くのひらめきのような文章が、サッカー的な隠喩をはらんでいるように思えてくる。たとえば「赤。それは赤という色のさまざまなニュアンスの一つ一つにとまりながら飛び回っている蝶々みたいなものだ」とある。百もの箇所を一点に吸収する視力を持つハシッシ吸引者は、その類いまれな視力によってボールの位置をフィールドに投影された彼の想像力の絵柄へと送りだすフットボリスタになぞらえられる。赤という色が、敵のユニフォームの色であるとすれば、そのまわりを蝶のように飛び回りながら、赤の示すあらゆるニュアンスを瞬時に読み取って巧みにそのあいだをドリブルですり抜けていったマラドーナがここでは描写されているかのようだ。

あるいはベンヤミンはこう書く。「僕は(……)それほど陶酔していなかった。しかし、事物の中に深ぶかと浸りこんでいた」。『陶酔論』の解説者シュヴェペンホイザーもいうように、ベンヤミンにとっての通俗的な「陶酔」とは、現実を観念によって様式化し、事物の多義性や多価値性を覆い隠して現実に幻のヴェールをかぶせて固化させてしまう冷めた陶酔にほかならなかった。その意味では、ハシッシ吸引時のベンヤミンは、そうした世俗的陶酔の悪癖からは自由だった。むしろ彼には、麻薬による陶酔が事物のなかに彼を深々と浸りこませ、事物の多義性の顕現を覆い隠していた殻の下にある真の生命の躍動を知覚させるのがわかるのだった。

サッカーにおける陶酔もまた、観念や幻想やあるいは構築的な図式化・様式化のなかにゲームの機微を回収してしまうことではなく、つねに変容体としてゆらめく事物と絵柄のなかに身体ごと深々と浸ることで運動の源泉へと降りてゆく行為にほかならない。サッカー的陶酔がもたらす幸福感と愛の発露の秘密も、まさにここにあった。

ベンヤミンの『陶酔論』のなかの、私をもっとも震撼させるフレーズは以下のようなものだ。その時彼は、港町マルセーユのとあるカフェに腰を下ろして、風に波打つカーテンの房飾りを眺めている。不意に啓示のような考えが彼を襲う。

僕は、ハシッシには自然に働きかけて、愛を知った自分という存在を浪費する許しを、非利己的になった僕らから取りつける能力があるのだ、と信じたい思いに駆られる。つまり、この自分という存在は、僕らが愛しているとき自然の手からまるで金貨のように滑り落ちて、自然はそれをとどめることも叶わず、ただなるがままにまかせるものだが、そのかわりに何か新生児のようなものが獲得されたあかつきには、今度は自然は、僕らをこの自分という存在に、なに思うこともなに期待することもなく、力いっぱい投げ返すのである。

思考の日常的な文脈を探そうとすれば、判りにくい文章と映るであろう。だがこれは、麻薬による陶酔のなかでベンヤミンがつかみとった、自己と「自然」をめぐる幸福にして強度ある交渉の描写である。ここには、事物の多様な運動性のなかに侵入した者にもたらされる自‐他の溶解状態のなかで利己と非利己のはざまを越え、「愛」の成就のうちに遊び戯れる主体がいる。そしてその主体は、まさに「自然」によって自由を許され、そこでつかみとられた啓示と直感力によって、ふたたび「自然」の導きによって自らの存在へと投げ返される……。これほどまでに鋭敏に語られた、自己再獲得の言説がほかにあるだろうか。この描写は、麻薬の陶酔が、近代社会において抑圧されてきた理性の解放への戦いにつながっていることを、ただしく見据えている。麻薬による陶酔の力は、「自然」に触れることで主体を自らのうちに連れ戻し、近代の産業と科学が人間や事物におよぼした自己疎外と自己変形をついに克服させるのである。

サッカーにおいて、陶酔がサッカー選手の身体を真の自然へと近づける瞬間の描写を、私はこうした記述のなかに発見する。そこでは、ボールも味方も敵ですらも自分の愛が求める対象となり、主体と客体は相互に求め合い、ボールと躍動する身体とのなるがままにまかされた「自然」の軌跡のなかで、「新生児」のように貴重な何かが生まれる。それをプレーの快楽と呼ぶこともできるし、サッカーの「美」と名づけることも可能だろう。社会的疎外を深く刻印された身体が、サッカーによって、ついに自らの身体の自然（＝本性）へと投げ返される幸福に満ちた「帰還＝奪還」の瞬間こそを、私はこの目で見たいと切望する。私たちは、スタジアムにただひたすらこの新生児の誕生を探しにゆくのだ。

麻薬陶酔の行為は、一般的にそれがいかに行為主体によって自己正当化されていようとも、ことごとく不純で放埒な動機にもとづく「自己逃避」と「忘我」という悪しきステレオタイプによって断罪されてきた。麻薬使用が、即社会的な犯罪として規定されてしまうのも、それが個人の身体の自己破壊をつうじて社会に蔓延し、中毒と売買の連鎖によって、社会集団そのものを自己破壊に追い込んでゆくと見なされたからであった。しかも、さらに悪いことには、そうした麻薬使用を正当化しようとする言説が、個人による麻薬実験の意義を「意識の拡大」とか「感覚の洗練」とかいった述語によって語ることでおなじようにステレオタイプ化し、麻薬を無条件に称揚するための想像力の水浸し（すなわち批判的想像力の放棄）の状態をつくりだしてもいるのである。だがベンヤミンが示したように、麻薬による陶酔とは自己目的的な「意識の拡大」をめざすものではなかった。それはむしろ、人間が感覚と知性、主体と客体とのあいだに引く認識の境界線の内奥に浸透し、統合感覚的な身体と思考の可能性を開くための楔《くさび》を、文化的に凝固して石のようになっていた主体のなかに打ち込むという過激な行為であったからである。私たちの日常的な身体と思考形態にたいし、そのような存在論的・認識論的な革命をつきつける力が麻薬陶酔にあることを、私たちは認識しなければならない。

そしてそのとき、現在のサッカー的制度が管理下に置いて抑圧してきた選手の固化した「健康な身体」「自然な身体」の神話に果敢に挑戦したマラドーナの孤独な革命が、麻薬をつうじておこなわれていったことの意味がようやく了解されてくる。マラドーナが私に見せてくれたサッカー的身体の実現する奇蹟のような「自然」が、どのような世界への浸透によって獲得されねばならなかったかが、痛みとともに直感される。そして、マラドーナの異形性と麻薬への惑溺が事実として公認されればされるほど、「健康神話」はそのマラドーナを最大のターゲットとして狙い撃ちし、汚辱にまみれたヒーローのイメージを捏造することで、マラドーナの真の革命を巧みに隠蔽する。あるいは、マラドーナから私たちがサッカーの深層によこたわるあの愛にみちた「自然」を感じとる可能性を、剥奪する。

ハバナの施設に逗留して治療をつづけるマラドーナが、麻薬中毒と心臓病によって致命的なほどに疲弊していた体をどこまで立て直せるかはわからない。家族や友人の付添のもとにぜいたくな入院生活を送り、体力的にもすでに一日数キロを走り、心拍の状態も急速な改善を示しているともいわれる。だがそのような事実とは無関係の地点から、ハバナの街のマラドーナは、私の想像力を「陶酔」というものの意味の彼岸へと連れていった。ドーピング・イデオロギーと社会倫理とが手を組みあって巧妙にしつらえた「自然身体」への神話を突破するための最大の手がかりとしてマラドーナが浮上するのは、陶酔をめぐるベンヤミン的な認識に私たちが立ったときである。

本稿は、マラドーナの麻薬癖を社会倫理的な観点から擁護するものでもなく、彼をめぐるドーピングスキャンダルを現代の科学的理論から解釈する意図もない。ただ、運動する身体が出遭うべき真の快楽への想像力を抑圧し、公的な健康身体の見本としてスポーツアリーナをイデオロギーの見世物へと形骸化しようとする権力にたいする認識的抵抗のために、マラドーナは特権的な導き手として存在しうることを私は指摘しようとしたのである。逆にいえば、マラドーナ的抵抗が、自己身体の破壊へと結びつく、まさにぎりぎりの身体の廃墟においてなされねばならなかったという、その事実の重みをこそ、私たちは感じなければならない。肉体の廃墟から帰還しうる事実上の可能性を断ちながら行われたマラドーナの革命の挫折こそが、近代サッカーの身体が被った強大な負荷の力を暗示しているとはいえないだろうか。

一九九四年六月二一日、ワールドカップ・アメリカ大会の一次リーグ第二戦のアルゼンチン対ギリシャ戦の後半一五分。復活のゴールを決めたマラドーナは試合を中継していたTVキャメラに突進してレンズの正面に迫りながら鬼気迫る形相で雄叫びをあげた。この写真は、そのあまりの悪魔的な表情によってたちまち世界中のメディアをつうじて話題となり、マラドーナの麻薬への惑溺がもたらした精神のおどろおどろしい闇を映しだす物理的「証拠」として喧伝された。たしかにこのゲームの直後、ドーピング検査でエフェドリンの使用が発覚したマラドーナは、選手としてその後二度と世界の表舞台へとは戻ってこなかったのである。だが私はいま同じ写真を見ながら、ベンヤミンが「シュルレアリスム」のなかに書きつけた、陶酔についての別の文章を思い出している。そこでベンヤミンはこう書いていた。「陶酔の弁証法というものは実に独特である。ある一つの世界でのエクスタシーはすべて、この世界と補色的関係にあるもう一つの世界では、気恥ずかしいほどの冷静さになるのではなかろうか」。

この悪魔的な忘我の表情と見えるものの裏側に、私は麻薬的陶酔が促す平明で多感覚的な自己再獲得の世界において、冷静にかつ決定的に、革命を宣言する一人の孤独なプレーヤーの像を透かし見る。いや、それがマラドーナの自己意識があずかり知らぬ私の錯覚に過ぎないにせよ、それは悪魔の陰に隠れた「歴史の天使」であったと、ベンヤミンに倣って言ってみたい衝動に私はかられる。そのようにして陶酔を新たに意味づけることなしに、私たちはサッカー的な身体の真の消息をめぐる議論を、世界批判へと連続する批評の領域へと連れ出すことができないからである。

　あのときのマラドーナの表情に、あいかわらず麻薬に疲弊した一人の選手の狂気のような激情と悲劇を見ているかぎり、私たちのサッカー的身体は、真の「身体の自然」と出会う道を永遠に断たれたまま、愛の欠如のなかを生きるだけであろう。

Aldemir Martins, Futebol I, 1966.

ブラジル北東部セアラ出身の画家・素描家アウデミール・マルチンスが描く、ゴール前の刹那の攻防。どんなカメラも捕捉できない、しなる四肢と止まったボールの美的均衡を見つめるアーティストの眼。赤黒の横縞ユニフォームはセアラ州の聖地ジュアゼイロを拠点とするグアラニか。

戦術論

7 互酬性のリズムに揺れながら

サンパウロに住み、州のリーグ戦をはじめとする各試合を見にスタジアムに出かけてゆく回数が増えれば増えるほど、この土地で「フチボル」と呼ばれるものの形成とその存在のありかたが、人間のもっとも内的な精神と感情の均衡を映しだしているという確信をもつようになった。それは単なるスポーツでも競技でも運動でもなく、むしろ叡知とか、生の技法とか、日常の倫理学とか呼びうる領域に連なる深遠な実践にちがいない、と。そこではたしかに勝負が争われ、身体能力が競われ、戦術が対峙しあっているにもかかわらず、私がスタジアムのピッチの上に見て取ったものは、そうした対抗的な競技の構図をはるかに超えるなにかだった。そのなにかとは、おそらく人間の内的な統合と全体性にかかわる秘密であることだけは直感できた。そしてその精神の豊饒な充満こそを「ブラジル」と直截に言い換えてもいいのだと私は納得するようになっていった。

なにがそのように考えることを私にうながしたか、それを簡潔に述べることはむずかしい。日常生活のあらゆる場所に息づく「サッカー的なるもの」（フチボリスチコ）の存在が、そうした確信を背後で強く支えていることは事実だ。だがやはりなによりも、モルンビやパカエンブー、そしてパレストラ・イタリアといったサンパウロ市内のスタジアムで老若男女の市民とともに見るゲームそのものが、私自身のサッカー観をあらためて転換させ、更新させる絶大な力を持っていたことだけは断言できる。そこでとりわけ私の心を打ったのは、九〇分の饗宴のなかで、みごとに「現実」が書き換えられてゆくことだった。あるいはサッカーによって、私たちが別の現実を生き直す可能性に目覚めてゆくことだった。

二〇〇〇年のリベルタドーレス杯の準決勝で壮絶な二試合を戦ったサンパウロの宿敵チーム同士、パルメイラスとコリンチャンスのモルンビ・スタジアムでの攻防は、私に一つの大きな啓示ともいうべき発見をもたらした。まずなにより、その時のゲームを見た幸福感は、スコアや勝敗の行方や、戦術への関心からははるかに遠いところにあった。もちろん、この二試合で計一二のゴールを、それもほとんどが強度ある美しいゴールとして経験できたことはまたとない僥倖ではある。だが、私の興奮は、必ずしも得点の数によるものではなく、またゴールにいたるフォーメーションや戦術の洗練や機知によるものでもなかった。むしろそれは、二チームが相互に組み合い、インスピレーションに満ちあふれた攻撃態勢の時間と、不思議なほど静かな防御態勢の時間とを分かち合うことで、互いにゴールを与え合うという試合展開が示す、ある種の互酬的なリズム感によるものであった、とでもいえるだろうか。

こうした得点経過は俗にシーソーゲームと呼ばれ、それ自体スリリングなものであると誰もが認めるものではあろう。だが、私が強調したいのは、偶然に得点経過がそうしたシーソーゲームの展開をみせていったというよりは、むしろピッチの上で、この互酬的リズムを生き尽くそうとする、プレーヤーのほとんど無意識にまで消化された意思と欲望とが異様なテンションとともに示されていたことだった。このことは、六月六日夜に行われた、準決勝の勝者を決める第二試合においてとりわけ顕著だった。この時点で、パルメイラス（アウェーに当たる第一試合で四対三と一点差をつけられて負けていたために、第二試合では勝つ以外になかった）は追いつめられており、コリンチャンスの、粗暴さでも知られる熱狂的なサポーターの勝利を期待する興奮は試合前から最高潮に達していた。観客席を見渡すかぎり、怒濤のごとく揺れる赤白黒の三色（コリンチャンスのカラー）が全体の七割以上を占め、緑（パルメイラスのカラー）は三階席に追いやられるように静まり返っていた。

試合もまた、コリンチャンスのひどく積極的な攻撃から始まった。ほとんど浮き足立ったと形容したいほどの高揚と切迫感が、コリンチャンスのプレーヤーの足を過剰に動かしているように見えた。一方、追いつめられているはずのパルメイラスは不思議に落ち着いていた。ペースを崩すことなく、ゆったりと攻め上がり、無理をせず、厳しい相手のマークによってボールがインターセプトされると、深追いすることなく足早に自陣へと引いた。パルメイラスの平常心は、この日に限って東洋の冥想修業者のような表情をたたえたチームリーダー、セザール・サンパイオが統率しているように見えた。得点のないまま三〇分を過ぎる。コリンチャンスの切迫した攻撃は空回りしかけていたが、静かに受けて立っていたパルメイラス側の精神状態にも、やがて変化の兆しが訪れた。フェイントをかけて左サイドに駆け上がろうとしたコリンチャンスの10番エジウソンを自陣に引いていたパルメイラスのボランチ、ガレアーノが強烈に押し倒して反則を受けたのだ。

これを反撃ののろしとでも見て取ったのか、パルメイラスのプレーヤーの形相が変わる。そして三四分、マルセロ・ラモスからのパスを受けて左サイドを上がっていたジュニオールのゴール前へのクロスをエウレルがファーサイドから左足で鮮烈なゴール。均衡が破れてスタジアムは怒号と歓声でまたたくまに沸騰した。

ここから、不思議な互酬性のリズムがピッチを満たしていった。第一試合との合計得点で同点に追いついたはずのパルメイラスはなぜか攻め手をゆるめ、逆に五分後、コーナーキックをルイザンゥが鋭いヘッドできめて同点。ハーフタイムを挟んでふたたびルイザンゥのゴールでコリンチャンスが逆転。これでトータルで二点を勝ち越したはずのコリンチャンスは、優位を得て守りを固める戦術もあり得たはずだが、10番アレックスを要とする霊感にあふれたパルメイラスの攻撃を傍観し、結果として一四分、左サイドからペナルティエリアに鋭いドリブルで切り込んだエウレルからのマイナスのセンタリングをアレックスがキーパーの頭上を抜く芸術的なループシュート。さらに二六分にはアジウソンのファールでゴール斜め右三〇メートルの位置でフリーキックを得たアレックスが、ゴール左わずかに外側へ狙い澄ましたようなハーフバウンドのクロスを蹴り、これをファーサイドに隠れていたガレアーノが背後から猛スピードで突っ込んでヘッドで押し込んだ。再び逆転。結局この後も互いに攻める時間と守る時間とを交互に与え合いながら、そのままゲームは時間切れとなった。試合終了の笛が鳴ったとき、スタジアム全体が、九〇分のあいだに流れた時間の凝縮とその揺らめく航跡にただただ陶酔していた……。

リベルタドーレス杯の決勝進出への決着はいうまでもなくＰＫ戦によってつけられたわけだが、そうした野卑な方法による最終的な勝敗の行方はここでは問題ではない。私が打たれたのは、互いに相手の美的なゴールを創造するかのように受けて立ち、敵のゴールの快感を分有しながらそれを今度は自らの霊感と創造力へと転化してゆく、という、ゲームを統べる統合的なリズム感、心的状態の抑揚感とでもいうべきものだった。これこそが、サッカーのもっとも研ぎ澄まされた心的均衡ではないか、と私は気づいた。ただ勝つのでもなく、ただ負けるのでもない。戦術によって勝ちゲームを支配するのでも、戦術によって負けゲームを建て直すのでもない。ただひたすら、豊饒なゴールによって穿たれたゲームの句読点を深く感じとり、この句読点によって構造づけられた時間の凝縮を自らの心的な統合感覚を更新するための源泉とすること……。そうした、もっともフットボール的な心性の地平においては、勝利を欲望し、敗北の屈辱を先取りして否定し、戦術の合理性を信じ、チームワークの呪文にみずからを縛る紋切り型の闘争心や競技的知性は破産している。そこでは「勝敗」という目的意識も、「戦術」なるオブセッションも徹底的に相対化され、それらを超越してゲームを創造する互酬的な律動の原理にすべてが感応しながら、強度ある時が九〇分継続する……。私はこのリズムとそれへの深い理解こそを、「ブラジル」であると確信した。

サッカー批評の一つの水準を確定するために避けて通れないのが、「勝敗原理」と「戦術」の取り扱いである。しかもこの両者は、ほとんど表裏一体のものとして、私たちのサッカー観、ひいてはスポーツ観の根底を支えている。なにより現在のサッカー・ジャーナリズムのほとんどすべては、まずもって「勝利」を自己目的化したサッカー競技のリアリティそのものを疑うことはしない。そしてサッカー言説の多くは、より専門的に特化すればするほど、その中心に戦術論を置く傾向があることも否めない。現場の監督やコーチ、そして選手にとって、戦術ほど直接的に彼らのプレースタイルと勝敗とを左右する要素も他にないからだ。そしてまた、いまやサッカー観戦の文法の基本も、「勝敗」への拘泥と「戦術」なるものの理解度において構成されているといっても過言ではない。このような状況の中では、勝敗原理や戦術の意味を相対化することは、ほとんど不可能であるといわざるを得ない。なぜなら「勝つこと」の意義を棚上げするような議論は、陳腐なアマチュアリズムか、戦闘意欲のない弱者の自己弁明として、スポーツ言説の権力構造からあっさりと疎外されることになるからである。

むろん、「勝敗原理」も「戦術」も、自明の原理ではなく、それ自体が歴史の産物であることをここで繰り返すまでもなかろう。イギリスの近代サッカー一つとっても、競技的なリアリティとして得点による勝敗決着のルールが定まったのはそれほど昔のことではない。少なくとも一九世紀の前半ごろまでは、民衆の無秩序で粗暴な身体性が発揮される、公共空間での乱暴な「蹴球」（フットボール）としてあったサッカーは、ときに五〇〇人もの競技者が参加して行われる民俗的・祝祭的な集団行事であった。そこでは現在いうような「勝敗」の原則は存在せず、また統一的な「戦術」なるものもありえなかった。闊達で凶暴ですらある身体性をむきだしにした群衆が、ひたすら我先にとボールを前に蹴りながらゴールへと突進してゆく原初の欲望と衝迫だけが、原サッカー的リアリティを保証していたのである。パスという概念すら存在せず、全員が同じ方向を向いてひたすら独占的にボールを蹴り飛ばしながら前へ前へと突き進んでゆくこの独りよがりともいうべきプリミティヴな心性が、しかしサッカーの原初的欲望の母胎としてあることを忘れるべきではない。その後に整備されたルールも、そしてルールの固定化によって構造化され分節化されてくる「戦術」（それはそもそも「勝利」に向けての方法論である）も、いわばサッカーが原初的欲望から離脱して近代スポーツ競技として制度的に確立されてくる近代のヨーロッパ的な歴史のなかで、つくりあげられていったものなのである。

戦術は歴史である、いや、戦術は歴史に過ぎない、そうあらためて確認せねばならないほど、サッカー評論における戦術の無条件の君臨がはなはだしい。たかだか百数十年程度の歴史のなかで、西欧のエリート的ハビトゥス（特定の階級・集団による行動と知覚の様式を生産する規範システム）が大衆化させた勝敗や戦術の理念形態が、いまやスポーツを統べる無条件の原理として戴かれる……。サッカー的情熱も、サッカー的知性も、勝利の切望と戦術への理解を通じてしか入手できないものであると、誰もが信じ込まされている……。だが人間の身体は、おそらくは数千年、あるいは数万年さかのぼる民族的・種的な時間感覚が生み出してきた意識と肉体の均衡感覚を、まちがいなく喚び出すことのできる装置としていまだ生き続けている。そして現代のサッカーが、わずかでもそうした多層的な身体へ向けて私たちの身体意識の閉塞を解放する可能性を宿しているならば、歴史として捏造されたにすぎない勝利や戦術といった概念に、サッカーのすべてを売り渡してしまう必要はないのだ。勝利という強迫観念と、それを目指してつくられる戦術という足枷を相対化し、判断停止の状態に追い込み、その宙づりを正しく見据えながらゲームを生きる、新たな倫理学《エシックス》の創造を、私たちは強く求められているのである。

「ブラジル」という名の心的原理が、そうした叡知と倫理学とを指し示しているにちがいないと確信した私の前に、一人の特異な思想家の著作が第二の大いなる啓示として出現したのは、パルメイラス対コリンチャンス戦の昂揚もいまだ冷めやらぬ、サンパウロのある穏やかな冬の一日だった。パウリスタ通りの書店で探しあてたその本とは、プラハ生まれのユダヤ人思想家ヴィレム・フルッサーのポルトガル語の著作『ブラジル人の現象学』である。

フルッサーは、近年日本でも、未来的なメッセージに満ちた映像・コミュニケーション論の理論家として注目され、ドイツ語の著作も『写真の哲学のために』ほか数冊が翻訳されて、そのポスト・ベンヤミン、ポスト・マクルーハン的なメディア論の立場が知られるようになった。だが、私の関心は、ドイツ・ヨーロッパ系思想史の脈絡のなかでフルッサーを位置づけることにはなかった。私にとっての特別の関心事は、ナチスの迫害を逃れて二〇歳のときに移民してから三〇年以上住んだ「ブラジル」こそが、フルッサーの思想形成における圧倒的な重要性を持っているはずだという予感だった。サンパウロで、私はいまや入手が難しいフルッサーのブラジル時代のすべての著作を探し求めた。そしてそのなかでひときわ光輝を放つ著作『ブラジル人の現象学』こそ、西欧の人間性の限界を突き破る「新たな人類」のヴィジョンをブラジル人のなかに透視する視線によって、フルッサーという思想家のブラジル的秘密に迫る鍵であることを私は直感した。

なによりも私を驚かせたのは、そこにブラジル・サッカーへの重要な言及があることだった。サッカー狂ではおよそなさそうなフルッサーではあるが、彼がひとたびサッカーを論じるとき、その射程は深く広く、ヨーロッパ・サッカーが社会的な位相において組織されているのにたいし、ブラジルのサッカーはまず何よりも人間の内的な問題として存在するという本質的なテーマを喝破していることに、私は興奮した。

そもそもこの『ブラジル人の現象学』という著作は、現象学的概念としてのエポケー（抛棄＝判断停止）の技法をブラジルにおける日常の精神と身体所作の方法論として検証しようと企てた意欲的な著作である。フッサールがギリシャ語起源のエポケーという概念を鍛えながら、それを、現象を新たなパースペクティヴによって「見る」ための、懐疑を含む瞬間的な判断停止の技法として理論化した流れを継承しつつ、フルッサーは、常識と蓋然性の理念によって成立する、安定はしていても平板で退屈な「現実」世界の構成を批判し、現象学的な間‐意識状態が生みだす意味と論理の浮遊状態として、現実の多元性を奪還しようとする。そしてその思考の舞台がブラジルであったことはあまりにも特権的であったというほかはない。なぜなら、サッカー、そしてカーニヴァルという、意味が浮遊し、遊戯性の精神によってあらかじめ渾沌とした両義性と矛盾によって賦活されつつ人々によって生きられる別種の現実が、そこに厳然と存在していたからである。

『ブラジル人の現象学』のなかの「疎外」と題された章で、フルッサーはブラジルのサッカーについて論じはじめる。フルッサーによれば、従来の西欧の歴史的視点は、サッカー競技が誘発する民衆的な熱狂と興奮を、最終的には統治的な権力による抑圧的な操作と組織化の対象として位置づける視点から外に出ることがなかった。だがブラジルで問題となるのは、自発的で即興的な心的昂揚と陶酔感が、サッカーの競技的な境界線を乗り越えて社会空間へと広く浸透してゆく仕組みである。プレーヤーも、観衆も、この陶酔によって日常の社会的重圧への戦略的な対処法を学びとる。常識が冒険を自重させ、ついには冒険の可能性を否定するヨーロッパ的心性とはちがい、ブラジルには妥当性の原理で成り立つ「現実」そのものの信憑性を疑い、宙づりにする仕掛けが存在する。こう論じながら、さらにフルッサーはヨーロッパ・サッカーとの鮮明な対照によって、ブラジル・サッカーの本質を次のように的確に描き出している。

ブラジルのサッカーは（他の非歴史的な国々におけるのと同じく）、ヨーロッパのサッカーとは存在論的に異なっている。ヨーロッパでは、サッカーがプロレタリアに開かれた「疎外からの脱出口」としての役割を超えることはまずない。だがここブラジルでは、人間性の内的な統合を実現するための通路としての役割をサッカーがもっている。あちらでは、サッカーは苦しい現実を忘れさせるために機能する。ここでは、サッカー自体が現実なのである。

日常的現実との相関関係のなかでサッカーが生きられる位相の違いをきわだたせようとするフルッサーのここでの思考は、きわめて刺戟的である。疎外という概念は現実にたいして相対的な関係にあり、「疎外されていること」の西欧的な意味は、すなわち現実から遊離しているということである。そしてそうした疎外感が社会心理のなかにはびこるのも、ヨーロッパにおいては、「現実」という観念自体が危急の具体的・身体的問題ではなく、人々のあいだの常識と合意がつくりだした歴史的客観性の領域にあるからだ、とフルッサーは指摘する。だがブラジルにおいては、現実とは徹底的に具体的・肉体的な経験であった。したがってそこで

は、サッカーに向けられた心性は実存的な実践行為の証であり、表層の虚偽の現実の仮面を引きはがして内奥の真実へといたるための象徴的な経験として、サッカーはあらゆる社会生活の現場へと投影されていく。だからこうした現場において疎外を語るならば、疎外はサッカーを通じて真の「参加」へいたる質的な跳躍を準備するものだということになる。そしてこの跳躍によって、民衆は一つの現実を放擲して別の現実を発見する。それこそが「サッカー」であり、ゲームにおいてたちあらわれる現実は、捨て去った妥当性の支配する現実より非現実的であるというわけではないのだ。

　こうして、フルッサーが「弁証法的跳躍」と呼ぶこのサッカーのブラジル的技法は、ついには私たちの通常のサッカー観が呪縛される勝利と戦術への盲信をことごとく解体するラディカルな思想へと接続されてゆくことになる。

8 遊戯論

カーニヴァル、賭博、あるいはブラジルのホモ・ルーデンス

現実からの疎外が、ブラジルでは新たな現実の発見、遊戯的な現実を生きることの啓示へとつながっている……。前章の最後で触れた、サッカーを思考の媒介にして導き出されたこのフルッサーのテーゼを、ここではもう少し子細に追ってみる必要がある。

日常的・世俗的現実から「遊戯という現実」への跳躍は、量的な変化としてではなく、質的な変化として生じる。テクノロジーや経済原理の延長によって社会が人々に遊戯性への通路を用意する（テクノロジー化された高度な遊戯施設で遊ぶ、金を投入することでより遊戯性の高い遊びが手に入る……）西欧型の先進社会とちがい、ブラジルのような国では「遊戯」という現実に参入するためには、ある種の認識論的な飛躍が必要となる。日常を統べる金銭や技術の論理の延長線上に遊戯の領域は存在しないからだ。この遊戯は、富も安逸も求めない。それは豪華であるよりは簡素、洗練されているというよりはむしろ素朴である。だが重要なのはまさに、人々が日

常的な価値の延長としての豪奢や洗練に背を向けて、生きることをめぐる美学と価値観に質的な転換を求めるということなのである。こうして日常的価値に背を向け、遊戯へと参入する人間を、フルッサーは自発的で即興的な真正の「ホモ・ルーデンス」（遊戯人）であると名づけながら、次のように書いている。

社会的・経済的現実を何かべつのもの、同じようにリアルで、しかも生存の構造において完全に異なった別種の現実に置き換えようとする人間。「ホモ・ルーデンス」は旧弊な現実ではなく、新しい現実を生きる。マルクスの語彙を借りれば、もはや経済に条件づけられることのない人間。あるいはニーチェ流の語彙でいえば、事実よりアートの方が大切な人間。ブラジルには、生き尽くされた現実からの疎外によって、かえって別の現実が発見されるというプロセスが存在する。これが遊戯的な現実の発見である。このプロセスは、ブラジルにおいて「新しい人間」が生まれかけているという考えの根拠の一つとなるだろう。

フルッサーに従えば、ブラジルにおける「疎外」は、ヨーロッパやアメリカにおけるそれと

比較することができない概念となる。疎外という否定的なニュアンスを裏切るように、それはまさに弁証法的な跳躍と呼ぶにふさわしい、日常倫理の質的な変革のことをさしている。制度的な価値から疎外された民衆によってのみ到達されるこの新たな遊戯的現実のイメージを、サッカースタジアムの外部において見事に示している二つのブラジル的事例について簡単に触れてみよう。

一つはいうまでもなくカーニヴァルである。ブラジルのカーニヴァルが単に年に一度の気晴らし的なお祭り騒ぎではなく、階級社会における制度的現実や日常意識の価値観を転倒し、世界を再定義する文化的創造性の根拠となっていることは、すでに多くの人類学者や社会学者によって指摘されてきた。なかでも、もっとも包括的かつ刺戟的な視点でカーニヴァルの象徴的意義を論じたのがブラジルの人類学者ロベルト・ダ・マッタである。彼は主著『カーニヴァル、悪党《マランドロ》、英雄』において、聖と俗、家と街路、規則と放縦、労働と遊び、男性的価値と女性的価値、上半身（論理）と下半身（肉体性）、といったブラジル社会における対抗的価値や記号性をとりあげながら、いかにカーニヴァルが、制度的現実の閉塞と消耗から超出して、新たに生きるべき世界の創造への道筋を示すものであるかを、説得的に論じている。

ダ・マッタの分析は、カーニヴァルの祝祭的構成のあらゆる要素（エスコーラ・ジ・サンバ、ブローコなどのカーニヴァル・グループ、カーニヴァルの行われるさまざまな空間、背後にある社会組織、カーニヴァルのテーマとなる民俗伝承……）におよんでおり、ここでそれらを要約する余裕はない。だが、ここでのわれわれの文脈にとって興味深いのは、カーニヴァルの空間が日常の都市空間のなかにあらためて準備され、「カーニヴァル的なるもの」が社会空間に即興的にデザインされてゆく瞬間をダ・マッタが描くときの、たとえば次のような文章である。

カーニヴァルの期間中、街の中心へと出向くための手段もまた祝祭的で意識的なものとなる。すなわち人々は、バスや市街電車のなかで歌を歌い、踊り、サンバのリズムに身体を動かしながら目的地に向かう。こうしたことが起こるのはカーニヴァルのために急に交通手段が改善されたからではもちろんなく、乗り物の内部空間までがカーニヴァルの空間へと変質したことによるものなのである。だから、バスや電車はもはや決められた時間に仕事場に着かねばならない労働者によって占められてはいない。そこに乗っている人々が目的地に着かないかぎり、いかなる物事も始まらないのである。人々でぎゅうぎゅう詰めになった公共の交通機関による通勤という、都市の日常生活における地獄のような苦痛の時間が、カーニヴァルのあいだきわめて創造的な瞬間に変化する。この瞬間、人々は笑いや冗談や身体の接触を通じて、強烈な生感覚を味わうのである。

カーニヴァルにおいては、場所の移動という行為自体が、高度に遊戯化され・儀礼化された別種のリアリティとして民衆によって生き直されていることを、こうした指摘は示している。不毛で、苦痛だけが充満する日常的通勤行為が、いかに祝祭的な場に変容しているかを、右の描写は見事に伝える。そしてまた、リオやサンパウロの黄昏時、サッカーゲームの観戦のためにスタジアムに向かう市民であふれかえったバスや車が、同じように歌と踊りの場へと変容するさまを、私は何度見たことだろう。移動そのものが、ここでは一つの生気あふれる現実として、それ自体の快楽と歓喜を表明していた。インフォーマルな形で借用されたにちがいない、煤けた旧式のバスが、贔屓チームのユニフォーム一色のトルシーダ（サポーター）を満載し、信号待ちをする道路上で、文字通り車体ごと上下左右に「踊り」だす光景を目撃して驚嘆しながら、私は込み上げる笑いとともに、冗談というだけではすまされない、民衆の別種の現実への切実な希求の感情を感じて深く打たれたものだった。フルッサーがいう「遊戯的な現実」への質的な跳躍とは、まさにこのようにして、新たなリアリティのなかでバスという乗り物が踊る肉体のように活用されるときに誕生するなにかなのである。そういえば、こうしたバスや車は、時に贔屓チームの敗戦に怒った群衆の腹いせによって火がつけられ、スタジアム近くの道路脇で巨大な炎をあげて燃えていたりする。そうした唖然とする光景を見ながら、私は目の前でいま燃えているものは、日常の移動をつかさどる「自動車」であるというよりは、むしろカーニヴァルの「山車《だし》」のようなものかもしれない、と思うことがある。サッカーもまた、車やバスという乗り物を別種の現実へと変容させる仕掛け以外の何ものでもないことを、私はこのとき直感したにちがいなかった。

ダ・マッタも指摘するように、ブラジルではカーニヴァルのあいだにいかなることが起きようと、それは「本気」(sério)ではなく、一種の「遊び」「冗談」であるという一般的な信仰のようなものがある。しかしこの場合、それは冗談だから許される、とか、真面目でないから責任がない、といった、自己弁明的な理屈を保証するための留保ではない。むしろ逆に、ここで主張されているのは、真面目でないものこそが永続的な価値をもつ、という強固な民衆的信仰である。ブラジルにおいて、規則と常識と事大主義によって支配された堅気な真面目さ＝堅苦しさ(ポルトガル語のsérioに対応する日本語の一語を見つけることは難しい)を代表するのは、政府機関、政党、学校、裁判所といった公共的な組織から、会社、銀行、さらには教会や社交クラブといった組織にいたるあらゆる中産階級的な法人組織であり、それらは一種の永続性のイデオロギーを所有しているものの、現実には社会のなかでつねに改変や整理の対象とされ、驚くほど頻繁に現われては消えるという動きを繰り返してきた。役所や企業の標榜する永遠性へのオブセッションはかなわぬ理念にすぎないことを、民衆はすでに悟ってしまっている。これと対照的なのが、貧しく、地味であっても、決して廃れることも宗旨替えすることもなく、昔ながらの熱気とともに存続してきたカーニヴァルの地域集団なのである。永遠性のイデオロギーを戴くかにみえる制度的な法人組織が、じつははかない命しか持たず、逆説的にも、まったく自発的に生まれ組織を欠いたカーニヴァル集団と祝祭の方が、結局は日々生きる民衆の永続性への希求をまっすぐに受けとめることができる……。このパラドクスのなかの真実に目覚めることによって、ブラジルには、真面目でないもの、中産階級に属さないものはすべて生き残る、という強固な信仰が生まれることになったのである。

ここで「真面目でないもの」とされている社会領域が、フルッサーがいう「遊戯的現実」に対応するものであることは、もはやいうまでもない。そしてカーニヴァルについて考えてきたことが、民衆的な想像力の相において、ほとんどサッカーについてもあてはまることを、あえてここでつけ加える必要もないだろう。だが、話をサッカーへと引き戻す前に、もう一つ検討すべき事項が残されている。

ブラジルにおける遊戯的現実について想像するための第二の特権的な事例が、「動物賭博」(ジョゴ・ド・ビーショ)と呼ばれる非公式の籤《くじ》のシステムである。籤のメカニズムとその心理的効果についてここで触れることは、たんに「遊戯的現実」という概念にかんする考察というだけでなく、サッカーと籤のシステムとが、日本も含めていまやほとんどの国において連動しているという状況にたいする批評としても、意味を持つ。というのも、まさに特定の国におけるサッカーの論理が、そのままサッカー籤(スポーツ籤)の原理にも対応していることが、見事に観察されるからである。

すでにフルッサーは、『ブラジル人の現象学』のなかで、そのことを示唆している。「遊戯的現実」について論じた章で、フルッサーはブラジルにおける「賭け」のシステムのなかでとりわけ興味深い事例として、動物賭博にわずかながら触れているのである。そしてこの一見トトカルチョの原理に似た賭けが、まさにブラジルとイタリアのサッカーそのものの質的な差異をも見事に反映していることを、フルッサーは見抜いているように思われる。

　イタリアのトトを始めとする、法制化された公共のスポーツ籤の原理は、日本に二〇〇一年度から導入されたサッカーくじ「ｔｏｔｏ」も含め、ほぼみな同じ原理でできている。政府主導によるスポーツ振興政策の促進のため市民の財を利用することを根幹に、娯楽的な富籤の要素を付加したトト系のスポーツ籤は、基本的には税制に代わる政府の財源確保の一制度であり、いうまでもなく胴元である実施銀行ひいては国家が基本的に損をしないように設計されている（当たり前だというかもしれないが、バカラのようなカシノ系の賭博はときにハウス相手の勝負を挑む賭人によって短時間で数十億円が動くこともあり、カシノを保証する銀行および行政府が一時的に巨額の損失を負うこともありうる）。スポーツ籤の当選金は売上金のほぼ五〇パーセント程度に押さえられ、しかも当選金額の上限も決められていることが多い。残りの売上金は実施団体の収益金と見なされ、これがスポーツ振興事業やスポーツ団体へと分配され、さらに売り上げの一定程度が国庫へと納まるようにつくられている。サッカー籤の場合、賭け方はほとんど例外なく、プロリーグの十数組ある各節の対戦カードの勝敗を的中させるというものであり、現実のチーム戦力の分析などによってある程度当たり外れに蓋然性が見込まれる方法となっている。このことは当然の帰結として、サッカー自体の現実が勝敗原理によって強く支配されている社会であればあるほど、対戦カードの勝敗を的中させるという形式のサッカー籤の人気が高まり、勝敗予測というリアリティがサッカー的リアリティの賭博的な横滑りとして、正当性を獲得してしまうことになる。スタートしてわずか数カ月で三〇〇億円を超える売り上げがあったとされる日本のｔｏｔｏへの一般市民の過剰なのめり込みも、私の目には、勝敗原理にすべてを売り渡してしまった日本人の、サッカーへの虚妄の愛の形骸としか映らなかった。そしてその狂騒の結果として恒常的に潤うのは、ほかでもない事業主体としての国家とサッカー協会にすぎないのである。

そもそもこうした公共的なサッカー籤の安定的な制度は、不測を前提とする「賭け」という概念の本質を裏切るものであろう。フランスの思想家ロジェ・カイヨワは『本能』のなかで、賭けの本質を、自己を破滅へとせき立てる衝動がもたらす一種の眩暈《めまい》であると定義したが、富の生産・流通・消費のメカニズムを近代社会の資本主義経済原理の外部におく、眩暈の本能にもとづく一種の「普遍経済」的な原理の本質を、賭けという人類史の太古から存在するメカニズムが示していることは明らかである。トト形式の公営ギャンブルを否定し、ブッキー（胴をとる人）相手の賭博を一貫して追及しつづけて全豪牌九選手権者となった放浪の常打ち《じょうう》ち賭人《とにん》、森巣博は著書『ろくでなしのバラッド』において、賭けをする動物としての人間心理の綾を痛快かつ克明に描き論じた。森巣はそこで、自己存在の破滅の敷居を踏みながらなされる、不可測に賭する意志こそが博奕《ばくち》であるとして、売上金の半分を差し引いて残りを当選者の数で割るといったシステムが賭博の名を借りた詐欺に過ぎないと喝破している。

　プロの博奕打ちが獲得した深遠な生存哲学をあえて引き合いに出さなくとも、ブラジルの動物賭博が、トトとはまったく異なった原理が遊戯性の現実を保証しているという事実をあざやかに証明してくれる。ジョゴ・ド・ビーショ Jogo do bicho（字義的には「動物遊び」）の成立は古く、一八八八年にさかのぼる。リオ・デ・ジャネイロのドゥルモン男爵が街の動物園の運営費を確保するためにはじめたとされるこの賭博は、男爵が毎週動物園の入口になにかの動物を刻んだメダルを掲げたという習わしに端を発し、つぎにどんな動物が選ばれるかを人々が賭けはじめたことをもって起源とされている。いまではこの起源の物語は忘れられ、賭けだけは一世紀を超えて生きながらえ、ブラジル全土の多くの町で庶民の意識の中心をいまだに占めつづけている。

　動物賭博の形式は単純である。まず、ダチョウ（Avestruz）、鷲（Águia）から鹿（Veado）、牛（Vaca）にいたるアルファベット順に並んだ二五種類の動物（ビーショ）一つ一つに、01から

１００（００）までの二ケタの数字がそれぞれ順に四つずつ割り当てられる。動物にたいして固定された番号を賭けるかたちで始まったこの賭博は、いまでは連邦政府発行の宝くじの当選番号を用いる非公式の賭博のなかに吸収されて行われている。したがって公営の宝くじの当選番号の下二ケタの番号が、自らの賭けた動物に割り当てられた番号と一致したとき、当たりとなるわけである。一見単純で、既存の籤のシステムに寄生した付随的な賭博に見えるこの動物賭博であるが、抽象的な数字をただ当てるのではなく、動物に変換されたイメージが賭けの内実を規定するという性質が、動物賭博にまったく独自のリアリティを付与することになる。なぜならそれは、古くから民俗的な夢占いの体系と結びつき、人間や現象と動物とのトーテム的な関係が、賭けの参加者の判断にさまざまな暗示をもたらすことになるからである。

たとえば杖の夢を見たものはコブラ（杖のように立ち上がる）に賭けねばならない。死者の夢は象を暗示する。ポルトガル人の夢を見たものは驢馬に賭けねばならない。女中が水甕をひっくりかえし、地面に広がった水たまりのかたちが鰐に似ていれば、彼女は予兆を得たという確信をもって鰐に賭けるであろう……。民衆の迷信と、民間信仰と、夢占い師と、無数の解説書と、巫女の託宣とが交錯するなかで、人々の動物賭博への傾斜はとどまるところを知らない。

法律的には違法であるにもかかわらず動物賭博はブラジルの大都市のほとんどでなんの問題

もなく行われ、胴元をめぐるトラブルもほとんどない。公認されていない闇の仕組みであるとすれば、悪徳の胴元がいればそれに対抗する手段は庶民にはまったくないはずである。だが現実には、貧しい人々の手から手へと魅力的な大金が流れているこのいかがわしい賭博のなかに、他の社会的な分野における以上の正直さが認められるという事実は驚くべきことのように思える。しかしよく考えてみれば、理由ははっきりしている。胴元の信用が失われれば、このような闇取引きの民衆的基盤は完全に崩壊してしまうからだ。カイヨワが指摘するように、「上からの統制も下からの異議申し立ても考えられないようなところでは、信用はなくもがなの贅沢品であるどころか、絶対の必需品なの」である。そしてまさにこうしたインフォーマルな信用の共同体のなかで、動物に託した自らの運と勘と見《けん》とが、普遍経済的な賭博原理が示す遊戯性のもとに生き生きと試されているのである。

フルッサーもまた先の著作のなかで、動物賭博とサッカーのブラジルにおける親縁性を示唆しながら、賭け籤の購入に列をなす民衆の姿に、ある種の啓示を見ようとしている。一目で貧しい労働者たちとその家族だとわかる男、女、子供たちが、あたかもパンか配給食品のために列をなしているかのようなその光景が、じつは賭けのためであると知ったとき、観察者はなんと考えるだろうか。フルッサーはじつにスリリングにこう書いている。

これらの人々が勝負に勝つことを期待して賭けているのだという考えは誤りである。むしろ正反対に、彼らは勝つことを期待してはいない。彼らはただ、勝利や成功という結果を、不可測の領域に投げ出しておきたい、と望んでいるのだ。そしてそうした行為だけが、彼らにとっての希望を生みだす。

遊戯性にもとづく新しい現実の、別の視点からの見事な定義がここにあると考えることができないだろうか。そしてフルッサーが暗示するように、ブラジルのサッカーがもう一つの遊戯的な現実を創造する手段であるとするならば、そこでのサッカーもまた、勝敗原理を不可測の領域へと投げ出す衝動につらぬかれた、ホモ・ルーデンスたちの運動であると見なすことができるであろう。それはまた、豊かで快楽に満ちた生存への別種の戦略であるが、すくなくとも「勝つ」ための「戦術」とは相容れないなにかである。それが人生に「勝つ」ことであるにせよ、あるいはサッカーに「勝つ」ことであるにせよ……。

フルッサーによる思考はこうして、遊戯的な現実が指向するゲームへの戦略をあらたな「第三の戦略」と規定しながら、サッカーにおける戦術への盲信と勝敗原理への拘泥を相対化し、ホモ・ルーデンスとしての快楽に満ちた「新しい人間の誕生」のヴィジョンへと一気に突き進んでゆくことになる。

戦術論［続］

9 サッカーにおける「第三のストラテジー」

二〇〇一年八月一六日付けのＦＩＦＡのホームページに、意外な人物への特別インタヴューが掲載されていた。ディエゴ・マラドーナである。無論、スキャンダル好きの大衆メディアにとっては、マラドーナの話題はむしろ定番ともいうべきものであろう。とりわけ中南米圏の新聞や雑誌メディアが、いまだに行くところ行くところマラドーナの後を追いかけ、新しい「事件」のきな臭い匂いを嗅ぎつけようと狙っていることは衆知の事実だ。

だが、世界の「サッカー」を競技として統率し、指導する立場にあるＦＩＦＡがマラドーナを取り上げる、というのはそれほど単純な図式ではない。スキャンダルにまみれ、出場停止処分を何度も受けたこの「前科」者を、公式のサッカー界が煙たく感じていることは明らかだ。だが、まさにその存在じたいのエキセントリシティによって他のプレーヤーとは比較しえない存在感をもつマラドーナを、ＦＩＦＡが切り捨てることもまた難しい。しかもスキャンダルから離れたところで、マラドーナの現役時代のプレーそのものが示していたサッカーの一つの究極の姿を、公式のサッカー界もまた完全否定することはできない。こうして、マラドーナの表舞台への再登場は、複雑な力学のなかで画策されることになる。だからこそ、この問題児にたいして、ＦＩＦＡのお墨付きのインタヴューなるものがどのような意図のもとになされうるのか……。この記事にたいする私の関心は、サッカー界の政治過程へのややひねくれた深読みのトーンによって特徴づけられていた。

　しかしインタヴューを一読するうち、私はそうしたひねくれた関心をどこかに置き忘れ、マラドーナの発言の直截な真実にひさしぶりに魂をゆるがせられている自分に気がついた。マラドーナはここで、じつにシンプルに、サッカーの原初的な快楽原理について語っている。現在のサッカーに欠けているものは何かという問いにたいして、テクニカルな要素がひどく軽視されていることをなによりもまず指摘したあと、マラドーナはそれを「ボールへの敬意」の欠如であると言い換える。そして「ボールへの敬意」が失われた最大の理由として、彼は街路や路地や空き地でのサッカーがもはやほとんど存在しないことを挙げる。都市の場末の路地で、あるいは町外れの荒れた広場で、もっとも重要なサッカー的スキルが最初に学ばれる時期を、彼は決定的に重要なサッカーの揺籃期であると考えているようだ。彼の考えを敷延すれば、草サッカーが与えるスキルとはなによりもまず、ボールを愛し、ボールを自らの感情の高揚と拮抗する一つの精神体として取り扱うときに生まれる、ボールへの深い一体感のようなものである。

フィジカル・コンディションを至上のものとし、その上にたって体力消費的な戦術を練り上げ、守備的な組織プレーを起点にしたゲーム哲学がますます世界を席巻しているいま、もっとも原初的なボールへの敬意と、ボールにアタックすることから生まれる身体的快楽への陶酔感を現在のサッカー界がすっかり忘れ去ったことを指摘するマラドーナの姿は、私にはあまりにもまっとうに見える。奇形化したエキセントリックなサッカーはむしろＦＩＦＡ公認のモダン・サッカーのほうであるようにすら思えてくる。さらにサッカーがメディアのなかに捕獲された見世物として生き永らえるために必要とされるさまざまなルール改正の可能性についても、マラドーナの考えの方向性は明確である。「サッカーはシンプルなゲームでありつづけるべきだ」、というのが彼の基本的な態度なのである。たとえば味方の足によるバックパスのボールをキーパーが手で操作することを禁じたルール改正を抜かりのない改正であると認めつつも、マラドーナは基本的にルールを複雑にし、サッカーのプレーの各段階をより細かく分節化してゆくような方向性には反対だ。現行のルールの下でのゲームが、どこかでサッカーの「面白さ」を軽減させているとすれば、それにたいする対処は「ルール改正」という手段によってではなく、むしろプレースタイルの転換によって図られるべきだ、というのが彼の考えなのだろう。この点についても、私はマラドーナに共感する。

キーパーへのバックパスは中盤でのプレッシングが従来よりも厳しくなることによって生じた必然的な対処法だったが、これによるゲームの沈滞を軽減するためには、攻撃を組み立てる起点としての中盤のボール回しという、サッカーのもっとも快楽的な部分の一つを相互に温存しあいながら、その部分を過度な体力ゲームに貶めないという了解が必要だ。だが戦術優先的、勝利至上主義的なプレッシング・サッカーのスタイルが、中盤においてボールを優雅に取り扱いながらゴールへの強度を高めてゆくというサッカーの最大の美的要素と快楽の一つを抑圧し、結果として怯えと守備的要請にもとづくバックパスの多用を生み出す。それがゲームの緊張を壊すと判断したＦＩＦＡは、キーパーのハンドリングを禁ずるルール改正によって対処することで、サッカーの戦術的な分節化をいっそう複雑化させてゆく……。このやり方が、マラドーナのいう「シンプルなサッカー」とは逆を向いた対処法であることはいうまでもないのである。

ＦＩＦＡや公的なサッカー界の意向を配慮しながら行われた、充分に節度あるインタヴューであるとしても、ここでマラドーナは彼のサッカー哲学の基本線を他者に譲ることは決してしない。俗に「個人技」という薄っぺらな言葉で片づけられている原初的な「スキル」（身体技法）の擁護を、「ボールへの敬意」や「ルールの分節化への抵抗」を持ち出して語るというやりかたは、ＦＩＦＡにたいして充分に挑発的であり、深い問題提起を含んでいる。マラドーナは、真のファンタジスタの系譜を自らのサッカーする身体の彼方に想像し、この系譜を守り抜くことで、彼の生身の肉体がもはやプレーの場から去ったことの悲しみへの報復と考えているのかもしれない。インタヴューのなかで、マラドーナが言及するファンタジスタの名前は数少ない。彼が、真に熱狂できるプレーヤーはただ一人、リヴァウドだけのようだ。リヴァウドだけは、そのプレー一つ一つを見ていることが快楽であり、結果としてつねにマラドーナを驚かすことをやめない。おそらくマラドーナは、リヴァウドのみが、あのボールと足のあいだに引かれた原初の、サッカーの揺籃期における「ボールへの愛撫」のかすかな糸をつなぎとめていると感じているのだろう。そしてさらに私が想像すれば、マラドーナはリヴァウドの生身の身体を通じることで、彼自身のプレーへの身体的快楽と精神的陶酔とを、かろうじて引退後の「いま」に招喚することが可能なのだ。そうだとすれば、リヴァウドに驚嘆するマラドーナは、じつはリヴァウドの身体の彼方に再‐創造された、マラドーナ自らの身体に昂揚し陶酔していることになる。より大胆にいえば、リヴァウドはたんに、マラドーナが自分自身の「サッカーする身体」を呼びだすために想像された分身に過ぎない。そしてこの点からいえば、マラドーナが優れたプレーヤーとして称賛するフィーゴもジダンも、かつてのマラドーナ自身の自在な身体性を不意に呼びだしてしまうほどのプレーの領域には、いまだ参入しえていないということになるのかもしれない。

マラドーナのインタヴューは、報道的な関心からいえば、彼がプラティニやクライフらと協力して、サッカーのテクニカルな（個人技的な）要素をふたたび促進させるためのグローバルなキャンペーンに加わりたいという意向を示している点に注目があつまるのだろう。だが、そうした公的な役割を担うために、メディアにおける一種の禊の行為が必要であることはいうまでもない。だからこそこのインタヴューで、マラドーナは過去のスキャンダルにたいして深く反省していることを、わざわざ問答のなかで答えさせられている。とりわけ麻薬使用に関して。だが彼の懺悔と悔恨の言葉を読んだ私は、もはやそこにあの陶酔するマラドーナがいないことを知る。彼がそのようにほんとうに語ったかどうかは別として、彼の発言の迫真性を曇らせる権力の抑圧は、こうしたインタヴューの手続きのなかにも見事に繰り返されているからだ。「復権したマラドーナ」といった演出された見世物など見たくもない、という私自身の内部の声が聞こえてくる。彼のサッカー思想の挑発性は、あのスキャンダラスなマラドーナの全身体を媒介としてしか、およそ想像しえない性格のものだからだ。ボールに、感情や情念を想像し、そのことが「既成のゲーム」のルール的・形式的な枠組みを否定し去るような、そうした超越的なサッカーの位相を、私はいまだどこかに求めているのかもしれない。

●

「批評家というのは、時代に少し遅れて行くことで役目を果たすわけです。あまり足早の批評家では詩人か預言者になってしまいます」。こうアフォリズム風に書いたのは寺山修司だった。ここで寺山は、御用批評と真の批評とのちがいを明確に語っている。巷にあふれる批評家や評論家なるもののほとんどが、すでに現実において既成事実化した思考の枠組みの「少し遅れた」踏襲者でしかないことを喝破しつつ、過激な批評というものが、そうした日常世界では詩人か預言者の現実離れした妄言にしか見えないことに慨嘆する。

その寺山がサッカーについてこんな箴言を書き残している。

――私がサッカーを愛する何よりの理由は「にくしみから出発した競技」だということで

ある。蹴る、足蹴にする、という行為には、ほとばしるような情念が感じられる。それは、マイペースの小市民、幸福なホームドラマの主人公たちが忘れている感情である。もう何年ものあいだ、石ころ一つ蹴ったことのない円満なサラリーマンたちは、あの頭蓋骨大のボールを蹴りながら、相手のゴール（ホームではない！）へ駈けてゆく戦士たちを観て、失った何かを取りもどすべきではないだろうか？　サッカーには現代人が忘れた感情への思い出がある。

（『書を捨てよ、町へ出よう』改行省略）

二〇代なかばにファイティング原田の知己を得、格闘技における身体と情念の交錯を透視する「ボクシング批評」からスポーツ批評の世界に参入した寺山らしい書き方である。そのなかに、一九六〇年代後半の高度経済成長を駆け登ってゆく日本社会の構図が、背景として浮かび上がってくる。寺山はサッカーの本質を「にくしみ」という情念のなかに置き直すことで、ゲームとして整序され、メディアによって口当たりのいい見世物へとアレンジされて去勢されたサッカーという運動システムにはらまれた原初的感情の荒々しさを掘り起こそうとした。だがここで見過ごすことのできないのは、戦後日本の経済成長のなかで、小市民、ホームドラマ、サラリーマンといった制度が成立してゆく過程こそ、戦後の社会空間においてスポーツ競

技における勝利至上主義のイデオロギーが新たなかたちで組織し直されていったプロセスでもあったという点である。「勝つ」ことへの抑圧は、人間の始原の感情としての「憎しみ」や「怒り」（それらは、本質的にはマラドーナがいう「愛」や「敬意」や「厳正さ」の感情を対極に包含してのみ成立するものではなかろうか）に由来するのではなく、経済的競争社会のなかでの抽象的な「勝者」をめざす外在的・人為的なイデオロギーが生み出したものであった。このとき、「勝利」の理念は戦前の国家主義的な意味論をたくみに隠蔽しながら、戦後の社会空間に生きのびる道を見いだした。会社に忠誠をつくす心優しき（あるいは心虚ろな）戦後のサラリーマンは、勝つことを自明の理念としていただく窮屈な社会のなかにそれと知らずに幽閉された、一種の奴隷でもあったことになる。企業戦士として称えられ、揶揄もされた彼らは、寺山がいう「頭蓋骨を憎しみで足蹴にしながら」ゴールを目指す情念の戦士たちとは、似ても似つかない、戦うゲームじたいの意味を疑うことのできないパペット（操り人形）に過ぎなかった。そしてパペットマスター（人形師）である国家や組織や近代イデオロギー自体は、自分たちの不可視性を逆手にとりながら、勝利という理念の絶対的な真実のイデオロギーをたくみに大衆に植えつけていった。「勝つ」ことはこうして、その歴史性を巧妙に隠され、現代のスポーツ競技を支配する至上の命題となった。いいかえれば、「勝つ」ことをめぐる深い消息に満ちた人間の情念が、安っぽく表層的な経済原理と人生論によってすり替えられてしまったのである。寺山が怒るのは、人間の思考を自動化する、そうした戦後の時空間と集団的制度への苛立ちからである。

こう考えたとき、寺山がボクシングを想定しながら書きつけたつぎのような文章を、私たちは表層的な勝利至上主義への痛烈な逆説的批判であると見なさざるを得なくなる。

「ボクサーは自分に勝つ必要なんかない、敵にだけ勝てばいいんだ」（……）「敵と戦わなきゃならん大切なときに、自分とも戦うなんて、無茶なことだ。まるで、二人も相手にするようなもんじゃないか。」

（『スポーツ版裏町人生』）

人間の肉体と肉体が一対一で対峙しあうもっとも原形的な「勝敗」原理が支配しているかに見えるボクシングという場で、「自分に勝つ」などといった高度成長期の紋切り型でもある「克己《こっき》」の抑圧的精神主義を笑い飛ばしながら、「敵にだけ勝てばいいんだ」とうそぶく寺山の批評の毒と絶望とを、私たちはここに読み取らねばならない。社会制度に隷属し、すでに勝利を自分の精神の昂揚の場からすっかり奪い去られてしまった現代人が、「勝つ」ことの抑圧的な理念を植え付けられて「克己」などと叫ぶ無惨を、寺山は見過ごさなかった。負けつづける日常があってこそ、「敵に勝つ」ことのもっとも深い感情的消息が生み出される。「敵にだけ勝てばいいんだ」という寺山のここでのセリフは、私には「すべてにおいて勝つことなどはあり得ない」「人生の勝者などいない」という思想の裏返しの表現としか思えないのである。

そして賭博である。前章でもすでに示唆してきたように、賭博の本質には、近代の抑圧的勝利至上主義を転換させる爆弾が潜んでいる。そして寺山の賭博にかんする箴言は、彼の数あるアフォリズムのなかの白眉であるといっていい。

(私は賭博を)勝つ楽しみでやっているのではない。勝てなかったものが「勝つ」ときの、いわば暴力的なまでの和合への衝動には心打つものがあって、その愉しさがたまらないのである。

(『馬敗れて草原あり』)

なぜ賭けるかといえば、じぶんの運を知るためである。価値が存在するのは、幸運次第だが、幸運は偶然の徒弟である。

(『黄金時代』)

必勝を獲得し、偶然を排したとき、人は「幸運」に見捨てられ、美に捨てられる。

（『誰か故郷を想はざる』）

初めて賭博をしたときの私は「勝ちたい」とは思わなかった。勝ちたいのではなくて「知りたい」と思ったのである。私自身の恒星の軌道を、運の祝福の有無を、そして自分自身の最も早い未来を「知りたい」。勝負を決めるのは、いわば見えない力の裁きのようなものであって、それは、どう動かすこともできないだろう。だからこそ「知りたい」のであり、賭けてみなければならないと思ったのである。だが、一度賭けただけで、すべてを知ることはできない。人生の謎は、一度の賭けでちらりと垣間見た戸のすきまの暗黒星雲のように、果てしなく深い煙に包まれている。

（『誰か故郷を想はざる』）

ここに表明された寺山の哲学はじつにシンプルかつ明快であろう。近代資本主義社会の価値観は、「勝つ」ことの意義を常態化させることで「勝利」の意味論を恒常的抑圧として日常世界の価値観へと癒着させた。私たちが、人生ゲームや競争社会やスポーツ競技において、等しく「勝利」を至上目標としているかのように振る舞うのも、この抑圧の結果である。だが寺山がいうように、勝利の意義を常態化させたとき、偶然と遊ぶというもっともスリリングな遊戯は疎外され、生きることをめぐる快楽と美は遠のいてゆく。ほんとうは一人の絶対的勝者もいない現代を、勝者だけが安逸に暮らす世界へと無理やり演出するイデオロギーの策謀を、寺山は真摯にかつパロディックに批判しつづけたのである。

サッカーにおける勝利至上主義の席巻と、その上に成立した戦術というものの虚構性について、しつこいほど繰り返し論じてきたかもしれない。だが、この牙城を崩すことなくして、サッカー批評の水準を、閉鎖的なサッカー内論理からより風通しのいい場所に引きだすことは決してできない。マラドーナがよって立つ身体的な快楽と陶酔を抑圧して勝利への戦術によってサッカー的現実を横領し、寺山の生きようとした偶然性に支配された遊戯的なリアリティを恒常的な勝利をめざす欺瞞的理念に置きかえようとする諸権力にたいし、私たちの批評意識はさらに研ぎ澄まされねばならないのである。

そのためのもっとも豊饒なヒントを用意してくれるのが、すでに触れてきた思想家ヴィレム・フルッサーである。チェコに生まれたユダヤ人として多言語・多文化性をすでに複雑に内包しつつ、若くしてブラジルに亡命して西欧思想の合理的・エリート主義的な限界を超越しようと企てた、この独創的で巨大な予言性に満ちた哲学者……。ブラジルのサッカーによって目覚めた、「勝利」を相対化する遊戯的現実にかんする彼の限りなく示唆的な思考のうちでも、もっとも予言的な一節を最後に引こう。

ゲームに参加するやり方は幾通りかが可能だ。たとえば一つは、負けることのリスクを背負いながら「勝つためにプレーする」というやり方。第二に、負けるリスクを最小限に限定するために「負けないためにプレーする」というやり方。無論このとき勝つ可能性もまた最小限となる。そして第三には「ゲームじたいを変容させるためにプレーする」というやり方である。最初の二つの戦略においては、プレーヤーはゲームの規則のなかに統合されており、彼らはすでに存在するゲーム世界の構成員となるだけである。だが第三の戦略の場合、ゲームはより大きな宇宙を構成する一要素に過ぎず、プレーヤーはゲームよりも上位にいる。もしゲームが科学であるとすれば、専門技術者が第一または第二の戦略によっており、科学者が第三の戦略を担っていることになる（ゲーム自体を転換させ、規則性についての理論を更新しようとする）。あるいはゲームが言語行為であ

るとすれば、会話の参加者が第一ないし第二の戦略家であり、詩人が第三の戦略家となる。すなわち、一般的に言えばこう定式化できるだろう。第一のあるいは第二の戦略を採用する人々は、彼らが「プレーしている」ことを忘れている（すなわち技術者や、対話者や、実業家や、政治家や、職業軍人や、学生活動の指導者などは、ゲームの現実を強いられているという事実を忘れていられる）。ところが第三の戦略を採用する者は、ゲームとのつねに適切な距離を確保することによって、彼らが介入している活動の遊戯的な側面をたえず自覚することができる（たとえば科学者、詩人、哲学者、未来学者といった人々）。そして歴史も一つのゲームであると考えることができる。上述の発想を適用すれば、「歴史の筋道にそって」ものを考えている人は、自分がそのなかでプレーしていることを忘れてしまった人である。しかし歴史という領域に第三のストラテジーを適用する人は、歴史的現実との距離をとっておくために、けっして「歴史的に」ものごとを考えることをしないのである。

（『ブラジル人の現象学』）

あいかわらず、フルッサーの使用する比喩の過激な飛躍は、私たちに謎めいた印象を残すかもしれない。だが、ここにはとてつもなく重要な、「勝利至上主義」と「戦術」というスポーツの不可侵の牙城を攻略するヒントがつめこまれている。ここでフルッサーが定義する「第三の戦略」というものこそ、すでに7章で触れたブラジル的なエポケー（判断停止）によって別種の現実を自らの世界に呼び込む方法であり、ホモ・ルーデンスとしての遊戯人が彼自身の運を不可測のリンボー（中間状態）に宙づりにしながら充満するリアリティと出会うための至高のストラテジーなのである。

それは無論、はかない夢としての快楽や歓喜ではなく、昂揚と裏返しの深い悲嘆と絶望も込められた、人間の感情と精神性の深い消息の産物である。だからこそ、マラドーナも寺山も、彼らの一生を貫く苛烈な陶酔の美とスキャンダラスな毒とをともにまるごと引き受けながら、この第三の戦略を生きることができたのであろう。彼らが詩人であり、未来学者であるのは、そのような理由のためなのである。

Mauricio Nogueira Lima, Gol do Pelé artista, 1967.

王者ペレ。数多くのアーティストの霊感源となったペレの高貴な姿を、画家マウリシオ・ノゲイラ・リマほどシンプルで洗練された描画法によって作品化した者はいない。ペレのゴールの瞬間には凝縮された生気がスタジアムに氾濫し、すべての感情は宙吊りとなり、一瞬の静寂が訪れる。

10 ファンダム論

フットボール民衆神学

二〇〇四年七月三一日、中国・重慶でおこなわれたサッカー・アジアカップ準々決勝、日本対ヨルダン戦の死闘のあとのジーコ監督のコメントに登場した「神」という言葉が、いまだに私の内部に不思議な反響をこだまさせている。この試合は、一対一のまま三〇分の延長戦を終えても決着がつかず、ＰＫ戦になって相手に先行されて崖っぷちにたたされた日本チームが、ゴールキーパー川口の「奇蹟のセービング」によって逆転して勝利をたぐりよせた劇的な試合であった。ＰＫ戦の開始直後、日本選手が相次いでゴールをはずすたびにヨルダンの選手は躍り上がって喜び合い、限りなく近づいた自チームの勝利を確信する風情だった。

試合は、ここからヨルダンが四人連続してゴールを外すことで思いもかけぬ逆転での決着を見たのだが、私の関心は勝敗の結果そのものにはない。興奮さめやらぬジーコ監督が試合直後のＴＶインタヴューで、自チームの勝利への確信が最後の瞬間まで少しもゆるがなかったことを語りつつ、ＰＫ戦での相手チームが見せた、対戦相手の失敗を嘲笑し挑発する態度に強く憤りながら表明したこんなコメントに、私は強く印象づけられたのである。

「あんな態度でいたから、神が罰をあたえたのです……」

ポルトガル語で明確に「デウス・カスチーガ」Deus castiga（＝神の罰が当たる）と発音されたにもかかわらず、この部分はＴＶ中継の通訳によっては直訳されず、「神の罰」なる充分に宗教的にも聞こえる表現が日本語のメディア空間に流れ出すことはなかった。翌日の新聞に「神」の文字があるとすれば、それは「神懸かり」のセービングをした川口であるか「神様」ジーコへの称賛であるかのどちらかであり、それらはいずれにしても紋切り型の神の登場にすぎなかった。だが、ジーコの口からもれ出た「神」とは、そんな世俗化された用語法を一気に突破する、深遠な内実を抱え込んでいるように私には思われた。

メディアによって「神様」と呼ばれて久しいジーコが、自分へ向けられたそうした大仰な言葉への羞恥と当惑を意識しながら、あらためて、自らの信ずる用法によって「神」を援用するとすれば、そのときの意味論に、私たちは注意深くあらねばならない。神懸かりプレーや神格化された監督への安易な称賛がメディアに垂れ流されるときこそ、そうした神の悪しき濫用を振り捨てて、サッカーにおける民衆的「神学」の真のありかを、私たちの批評的言説は探り当てねばならない。神との関係性のもとに自分とサッカーとの距離を測定しようとする、プレーヤーやファンの心性の真摯かつ神秘的でもある領域を精密に探査することなく、安易に神をピッチの上に呼び出すべきではない。

そのためには、少し回り道するように見えても、サッカーの民衆神学にたいして微妙な距離を自らのサッカー批評のポジションとして貫いてきた、一人のイタリア人思想家の言説を、ここで詳細に検討してみることが必要かもしれない。ブラジルと同じ敬虔なカトリック国イタリアが生んだ傑出した記号学者・文化批評家であり、『薔薇の名前』『フーコーの振り子』等のバロック的迷宮小説によって読書界にも高名をとどろかせる作家、ウンベルト・エーコである。

エーコによる、サッカーについて書かれた主要な文章は、一般（おもに英語読者）の目に触れるものに限ればこれまでのところわずかに三篇しかない。エッセイ集『ハイパーリアリティへの旅』に収録された「スポーツのお喋り」（一九六九）および「ワールドカップとその虚飾」（一九七八）の二篇、そして断章集『薫製鮭と一緒に旅行する方法、その他のエッセイ』に収められた短文「いかにしてサッカーについて語らないでいるか」(一九九〇)である。この三篇のみを素材にして「エーコとサッカー」について本格的に論じることは、ある意味で無謀な企てといわねばならないだろう。サッカーという思考の対象が含む世界の広範な広がりにたいして参照しうる素材の少なさはもちろん致命的であるが、それと同時にエーコ本人が、サッカーについて「いかに語らないでいるか」という美学を、本気で実践しようと考えているように見えるからである。「エーコとサッカー」とは、いわば「エーコ」と「エーコがもっとも日常的に考えたくないと思っている事柄」のことであり、そのような題の論文があり得たとすれば、それは二律背反を無理矢理結ぼうとする反語=パロディでしかない……。エーコなら、呵呵と笑いながらそう切り返すかもしれない。

だが、少なくともこの三篇を通読してただちに了解できる重要なことがいくつかある。たとえばその一つは、エーコのサッカーへの知的関心がつねに継続的なものとしてある、という紛れもない事実である。エーコのサッカー・エッセイ三篇の執筆時期をみると見事にほぼ一〇年間隔であることがわかり、これはサッカーについて折に触れて考え、書くことで、彼自身が自らの文化批評的なスタンスをそのつど測量しなおしているからであると結論づけても構わないだろう。サッカーは、エーコという批評的知性にとって、耽溺するテーマとは違うちょうどよい距離感のなかで、社会と文化と政治のメカニズムを客観的に示してくれる、特権的な思考モデルであることはまちがいない。

第二の重要な発見は、エーコのサッカーにたいする姿勢が一貫した反マニア主義によって貫かれていることである。この点は、少し立ち入った議論が必要だろう。「ワールドカップとその虚飾」の冒頭で、彼は「サッカーがおまえを愛したことはなかったように、おまえもまたサッカーを愛したことはない」と、架空の（サッカー・マニアの）読者の批判的口調を借りて自分とサッカーとの出会いについて語っている。エーコがサッカーから離反していった理由は、彼がボールをいつも味方のゴールや公園のフェンスの向こうやドブの中やアイスクリーム屋台に蹴り込んでしまうような、（要するに）運動音痴の少年であった過去に由来するようだ。サッカーの神に、それとの最初の出会いの時点で見放されてしまった少年とは、イタリアにおいてはさぞかし生きにくい、偏屈な青春を送らざるをえない運命を背負うのかもしれない。ある意味でエーコは、彼とサッカーとのあいだにあるやや醒めた距離を、自らの性向や好みの問題であるよりは、天から与えられた運命のようなものとして規定したがっているように見える。それが彼の批評的知性を保証する先験的な条件であるかのごとく。

いずれにしても、エーコ自身の表現を借りれば、彼のサッカー論には一貫して、サッカーという思考の対象への「超然とした無関心」(detachment)、「いらだち」(irritation)、そして「敵意」(malevolence)が、パロディックなやり方とはいえ、歴然としたかたちで書き込まれている。しかしその冷淡さや批判の矛先は、たんなるサッカーそのものではなく、もう少し分節化されていることも確かだ。短文「いかにしてサッカーについて語らないでいるか」において、エーコは明快に「私はサッカーが嫌いなのではない。サッカー・ファンが嫌いなのだ」とこのあたりの機微を説明する。エーコにとって「サッカー・ファン」という概念が意味するのは、まず第一にその自閉的なマニア主義への陶酔のことである。自分とは違う趣味と嗜好を持った別の「部族」が自分の周囲に存在することが理解できない、悪しきマニア主義の空転した冗舌の日常空間への氾濫のことである。この状況を語るために、エーコはサッカー・ファンとアンチ・ファンによるこんな架空の会話を例にあげながら、それを相互に共通の言語コードをもたない、コミュニケーション不全の問題として論じようとする。


「それでヴィアッツリはどう?」

「見落としたかなあ」

「でも今夜は試合を観るんだろ?」

「いや、だって、形而上学の第七巻をやらなくてはならないし、アリストテレスの」
「分かった。ちゃんと見りゃ、俺の言う通りかどうか分かるさ。俺が言ってるのは、ファン・バステンはマラドーナの再来じゃないか、ってこと。どう思う？　でもさ、アウダイールからも眼が離せないよなあ、やっぱ」

（「いかにしてサッカーについて語らないでいるか」）

あるイタリアのタクシー内での会話において、サッカー・ファンの運転手がエーコらしき乗客に一方的な話題を仕掛けるなかに、ヴィアッリ、ファン・バステン、アウダイールといったイタリア・セリエA在籍の名選手の名前が次々と登場してくる。だが、マニア主義の圏外にいる良識的な知性にとって、これらの偏執的な固有名詞の文脈なき氾濫は、コミュニケーションの健全な進行をその開始の時点で拒絶するものでしかない。エーコが批判的に挑発するのは、ローマ人ならローマ人、ミラノ人ならミラノ人という自己意識を鼓舞するための手段として無意識に採用されたサッカー・チームとプレーヤーへの偏狭な陶酔であり、さらにこの「自分＝サッカー」という欺瞞的な記号の自動変換を公共空間において利用する潜在的な権力である。こうした力の遍在に対する拒絶こそが、厳格な反マニアでいることの、決定的な根拠にほかならないと彼は考えるのである。

いずれにしてもここでエーコが語るサッカー・ファンへの嫌悪は、個人的趣味の問題では断じてない。エーコが否定的に呼ぶ“Chatter”（お喋り）を、仲間内を超えて公共空間へと無差別に振りまくサッカー・ファンのあり方は、エーコのアンチ・マニアックな個人的信条を攻撃するだけでなく、多様性や差異、あるいは可能世界における無数のヴァリアントの存在自体を認めない偏狭な日常的思考へと人間を追いやる元凶でもあるからである。サッカーに無関心である人間の存在を想像すら出来ないサッカー・マニアという部族のエスノセントリズムのはけ口が、結果として市民社会の日常的ディスクールに向けられてはびこり、そのことによって民衆の社会的批判力自体が減退してゆく状況への警鐘がそこにはある。

さらにエーコは、この問題を、言語学者ロマン・ヤコブソンが「言語学と詩学」（トーマス・シビオク編の『言語におけるスタイル』〔一九六〇〕に初出）という画期的な論考において詳説した「コミュニケーションの六つの機能」にかかわらせながら記号論的視点から分析する。通常、発話には「送り手」と「受け手」がおり、その「内容」が伝達される。だがそれだけではコミュニケーションは成立しない。言語の意味内容を規定する「コード」が共有されていねばならず、さらに発話の「文脈《コンテクスト》」が理解の重要な鍵となる。そしてもう一つの側面が「接触」

（contact）とヤコブソンが呼んだもので、これは「やあ」とか「いい天気ですね」とかいった挨拶の言葉のように、コミュニケーションの回路を開くためのきっかけとなるような社交的・感情的メッセージの伝達を担う。この接触の現場が担う言語機能をヤコブソンは“phatic”（交話的）な機能と呼んだが、エーコはここでスポーツのお喋りを、まさにこのphaticな言説が過剰に逸脱・自閉したものであると定義づけてゆく。すなわちサッカーについての空転したコミュニケーションは、ただひたすら、「私があなたに話しかけているんですよ」（これがphaticなメッセージの内実のすべて）ということを主張するだけの空疎なお喋りへと横滑りしてゆき、やがてコミュニケーションの空無な内実をカモフラージュするために、サッカーについて語り続けることが「ミラノ」市民の勇気や「イタリア」国家の威信について語ることだという共同幻想（虚偽の内実）が捏造されてゆく。ヤコブソンもすでに示唆していたように、情報伝達そのものではなく感情的な回路に訴えてコミュニケーションに注意を仕向けるphaticな言説とは、メディアという制度がその進化の最終的な段階としていたりつく言説形態でもある。そこではもはや、言語情報の伝達は重要ではなく、もっぱら誰かが自分に話しかけている、という事実の確認だけが、人に感情的安堵を与える（携帯メールやＬＩＮＥ、Ｔｗｉｔｔｅｒ等のＳＮＳで結ばれた現代文化の実相）。エーコが、マニアによるサッカーの“chatter”（お喋り）をそうしたメディアの皮相な最終形態の前兆として批判し、ファンという部族社会の外部からサッカー言説に「内容」を奪還しようとするのも、メディアと自閉的言語の結託が無意識のうちに生みだすからっぽな「世界的狂信愛国主義」とその変異をのさばらせないためなのである。

エーコのサッカー論を通読して気づく第三の重要な論点は、頻出する“circenses”(チルチェンセス)という独特の用語にある。三篇のサッカー関連の文章のすべてにおいて、この用語はいずれも重要な場面で登場してくる。“circenses”というラテン語用法は、あえて訳せば「円形競技場(の)」という意味になろうか。「ワールドカップとその虚飾」の結論部分で、エーコはサッカーについて考えることは“circenses sociology”すなわち「円形競技場の社会学」そのものである、と挑発的に言いきっている。これはどういうことであろうか。

いうまでもなく、“circenses”という語のラテン語根は“circus”であり、これは一般的には「円」(circle)のことであるが、より具体的にはローマ時代の楕円形の競馬場のことを特に意味していた。そしてそのもっとも大きなものが、戦車レースなどが行われた“Circus Maximus”

（チルクス・マキシムス）、すなわち古代ローマの大円形競技場であった。いうまでもなく、ここから円形のテントや見世物小屋で興行される「サーカス」という用語も生まれたわけであり、エーコの表現を敷衍すれば、サッカー論とは「サーカス社会学」の実践でもある、と言い換えることもできるだろう。

エーコが、サーカス的世界へノスタルジックな愛着と憧憬を抱き、一方でそれを記号学者としての関心のもとに客観的で厳密な思考の対象としていることは別の理論的著作からも明らかである。そのようなエーコがサッカーへの視点を「サーカス社会学」と名づけるとすれば、そこには二つの異なった視線が探り当てられねばならないだろう。一つはいうまでもなく、「パンとサーカス」と呼ばれる古代ローマ帝国の大衆迎合的な政治にかかわる問題である。ユヴェナリウスが食料とスペクタクルの提供にうつつを抜かした古代ローマ帝国民を表現した詩篇でつかったこの古い表現は、のちに二〇世紀アメリカという大衆文化帝国のありかたを象徴する比喩として援用されて一般に流布するようになった。「パンとサーカス」は、こうして短絡的には、国家が大衆操作のために食べ物と娯楽の提供に専念し、市民の健全な政治的関心の発動を消費的快楽へとずらし、散らしてゆく姿を揶揄する表現と考えられてきた。

たしかに、現代のサッカーが、国家にとっても、またサッカーという競技そのものを制度的に支配するＦＩＦＡのようなイデオロギー＝興行装置にとっても、こうした文脈における「サーカス」的見世物として民衆の没政治的な自己消費を促す領域になっていることは否定できない。社会的構成員の持つ政治的偏差を、可能なかぎり極小に押さえ込むことで、社会の効率的操縦と、均一システムの濫用による利益の吸い上げを狙う「帝国」にとって、サッカーという至高の汎世界的スポーツのスペクタクル性は、政治意識を無害な没頭の対象にすり替えるための、他にかえがたい領域となるからだ。エーコが、「浪費」「消費の頂点」「まったき無知の場」といった厳しい用語によってサッカーとそのファンダム（ファンによって構成される社会領域）を批判するのも、それゆえのことである。

エーコが三度のサッカー論を書いたいずれの時点においても、文章の執筆が、それぞれに画期的な政治的事件の直後に、その精神的・文化的後遺症を意識しながら行われていることに、ここではとりわけ注意しなければならない。「スポーツのお喋り」（一九六九）は、一九六八年メキシコ・オリンピック大会の直前に起こったメキシコ治安維持軍による学生運動の弾圧と大量殺害事件であるトラテロルコ事件を踏まえて書かれている。「ワールドカップとその虚飾」（一九七八）は、イタリアのアルド・モロ元首相の誘拐・殺害事件を起こした「赤い旅団」のテロリズムの恐怖がさめやらぬ空気のもとで執筆されている。そしてごく軽いエッセイとも読める「いかにしてサッカーについて語らないでいるか」(一九九〇)すら、ベルリンの壁崩壊以後に大きな変質をきたす「ヨーロッパ」のヴィジョンと、あらたな排外主義の勃興への懸念を念頭に書かれたふしがある。パンとサーカス(現代でいえばすなわちメディアという食糧とそれに媒介されたサッカーという見世物のこと)というステレオタイプの生産と分配にかまける国家や権力者にたいし、政治の本質に隠された意味と記号のメカニズムに目を曇らせないでいるため、エーコはあえてサッカー言説の構造を批判的・パロディックに借用しながら、政治的に覚醒したアンチ・ファンとして、不可能なサンシーロ(ACミラン、インテルの本拠であるミラノ市内のスタジアム)のピッチに言葉をもって降り立とうとしたにちがいない。メキシコ、イタリアそしてヨーロッパが痛みとともに経験する「政治」の傷をその身体にしっかりと刻んだまま……。

ところで古代ローマの「サーカス」とは、いうまでもなく現在の興行サーカスとはまるで異質の、スパルタカスに代表されるような剣奴たちの殺し合いのゲームや、壮絶な戦車レースを含むものであった。円形テントの「サーカス」は、そうした死によって決着を見たゲーム(究極的には戦争と連続するもの)に命の保証を与えることによって生まれた見世物として定義することもできるだろう。そしてそれはまさに、近代スポーツそのものの歴史的定義でもあった。エーコの「サーカス社会学」という言い方を理解するもう一つの視点は、このことと関係している。

古代のコロッセウムから現代のテント小屋にいたるまで、円形競技場という構造は、そこで展開される見世物の忘我的な大衆消費にとって特権的な視線をつくりだすだけではなかった。それは同時に、いわば全員が全員を見つめている、という意味で、群衆のまったく無秩序で操作不能のエネルギーの爆発を相互に抑止する特性をも持っていた。円形のアリーナは、まさに、衆人環視の戦争の模擬的なシミュレーションとして、暴力を視線の遊戯としてショートさせる働きを担ったのである。現在のサーカスの小道具が、ナイフや火の輪から綱渡り、大砲にいたるまで、ほとんどすべて戦闘や軍事的戦略から直接派生する道具立てで構成されていることはもちろん偶然ではない。円形球技場（circenses）のモデルは、こうして暴力を馴化する文化装置としてさまざまに展開しながら日常の社会空間に散布されていったのである。

このモデルは、いわば一つの現実を別の記号で置き換えるフェイク（虚偽、嘘）のコードの共有によって成立する見世物だった。それは実際に、無数のメッセージの精緻な記号的変換によって構成された「意味の劇場」であり、観衆はそれらの記号の遊戯を純粋に遊ぶよう求められたのである。サーカスの理想形態とは、まさにフェイクの共有を誰もが自覚しつつ、それを視覚と肉体の眩暈として遊ぶことができるような状況であろう。エーコは、サッカーを、この円形競技場モデルを介した西欧文明の歴史的過程の一つの逸脱形態とみなそうとしているように見える。すなわちサッカースタジアムにおいて、サーカスにはない一つの要素が加わることで、フェイクへの信頼の構造が破綻してしまったのである。それが、「勝敗」という原理である。この、勝ち負けという「結果」への拘泥と熱狂とが、サッカーを、遊戯の約束事が統御されたサーカス・モデルから、一気に「世界的狂信愛国主義」の表明される無秩序の劇場へと押し流していった、一つの大きな要因であろう。エーコは、この点を深く追求してはいないが、エーコがいう「サーカス社会学」の臨界点で出会う現代サッカーの相貌とは、畢竟そのようなものである。

サッカーを、ジェイムズ・ボンド映画のサーカスのシーンに熱狂するエーコのように、フェイクをめぐる記号的ダイナミズムが生き生きと躍動する劇場として純粋に楽しむことは、おそらくもうできないだろう。精巧なメディア産業システムとしていつのまにか作り替えられた現代サッカーは、「スポーツのお喋り」の自閉的構造そのものを映しだす、メディア記号＝テクノ記号として、リアルとヴァーチャルのはざまを妖しげにゆらめいている。

ひとことでいえば、そこには、戦争や暴力を肩代わりするために人類が生み出した記号システムの豊饒な宇宙がもはや消滅してしまったのだ、とエーコならいうかもしれない。したがって少年エーコは、父親に連れていってもらったスタジアムの群衆の一人として、サッカーゲームに宇宙論的な意味をすでに微塵も感じることができなかった。世界を意味あるものにつなぎ止める「神」への信仰自体がここで疑問に付される。のちに、意味のないフィクションや愚行（フォリー）や偶然の発見（セレンディピティ）に彼が文化批評の照準を合わせることになる下地は、ある意味でこの、サッカー・スタジアムでの神の不在の経験にあるということもできるだろう。

だが、そのようなエーコのペシミズムを、私は最後になんとか救済できないものか、と考える。サッカーを捨て、書物に宇宙を発見した運動音痴の少年が、のちの偉大な記号学者エーコを誕生させたことは認めるとしても、そうした宿命が、最後までサッカーを敵に回すパロディックな言説のなかでエーコを満足させられるとは、私には思えないからだ。そのためには、サッカー以外のもので彼をいくら鼓舞しても意味がない。彼のサッカーにおける強烈な否定神学を、サッカーそのものの名において救い出すことなしに、エーコのペシミズムは救済されえないだろう。

そして一つの希望はまさに「神」の領域にある。一九八二年七月五日、ワールドカップ・スペイン大会準々決勝。ジーコ、ソクラテス、ファルカン、トニーニョ＝セレーゾの黄金のカルテットを擁する優勝候補筆頭のブラジルが、準決勝進出をかけてイタリアと対戦し、伏兵ロッシのハットトリックの活躍で二対三のまさかの敗退。このときイタリアにいたであろうエーコが、自国民の狂喜乱舞する姿をどのように眺めていたかおおよそ想像はつくが、エーコが知らない場所で、死ぬほどの悲嘆に暮れる人々もいた。そう、ブラジル人である。ブラジルの大都会から田舎までのあらゆる場所で、このとき人々は口々に「神はどこへ行ってしまったのだ?」とつぶやいていた。なぜなら、彼らはみなブラジルの最高の格言である「神はブラジル人だ」(Deus é brasileiro)という文言を、疑いなく信仰していたからである。ブラジルの敗戦は彼らを驚きと悲嘆に突き落とした。どうして神はあの時、スペインのピッチにいなかったのか?　休暇でもとっていたのか?

ブラジル人の民衆にとっての神学とは、神それ自体への信仰をめぐるものであるというよりは、この「神はブラジル人だ」という命題への信仰のことを指す、とあえていってみようか。こんな例がある。リオの海岸近くの安アパートに住む一人のブラジル人。寒い日が続き、心が萎縮して仕事も遊びも手につかないでいると、ある日、突然気候が変わって、柔らかく暖かな日差しがイパネマの砂浜を照らす。朝、踊る心でビーチに出てサッカーで遊び、仕事場に出かける。そのとき、彼の口からふとこんな言葉が漏れるのだ。

Deus é brasileiro!（「ああ、やっぱり神様はブラジル人だ！」）

豊かな国土に豊富な資源を与えられ、未来の国といわれ続けてきたブラジルは、約束された将来を至上の幸福にたとえて、いつからか「神はブラジル人だ」と信じはじめた。だが、政治的・経済的な混乱が約束されたはずの豊かな未来を遠ざけ、幸福はいつまでたってもやってこない。するとブラジル人は、そうした落胆と絶望を、あらたに、それでも「神はブラジル人だ」から、かならずいいときが来る、という楽天的な民衆神学へと切り替えて、さらにこの信仰を篤いものにしていった。したがって、ワールドカップ・スペイン大会での思わぬ敗戦は、神の否定にはまったくむすびつかなかった。二〇〇二年、横浜。日韓共催ワールドカップ大会決勝でドイツに完勝して優勝を決めたブラジル・チームを称える翌日のブラジル各地の新聞一面に、ふたたびあの文字が大きく躍った。

Deus é brasileiro!（「神はブラジル人だ！」）

「神」という記号と「ブラジル人」という記号を、単純な等号でただ結ぶだけのこのシンプルにして深遠なテーゼを、エーコならどのように読むだろうか。God is Brazilian. このあまりに堂々たる身勝手な嘘、「神」を「ブラジル人」にあっさりと置き換える記号変換の彩は、しかしたとえば、現代世界に流布する、より耳慣れたこんな言葉と対照させてみたとき、はたして嘘であると笑い飛ばせるだろうか？

God bless America!（アメリカに神の祝福を！）

この、アメリカ単独行動主義と好戦主義に連なって喧伝された言葉では、「神」という概念の背後に「真実」という記号が隠されている。すなわち神＝真実であり、その真実がアメリカをあまねく祝福する（べきだ）、というレトリックである。そのときの神＝真実は荘厳で犯しがたいものとなり、聖化されたイメージのなかで神の栄光がアメリカ国家の栄光と同一化されてゆく……。だがブラジル人にとっての「神」は、それがブラジル人であるかぎり、ブラジルのどこにでもいる、自分と同じような、貧しく、好色で、酒飲みの「神」以外の何者でもあり得ない。神は栄光に満ちた慈悲深い老人であるどころか、裸足でサッカーし、アイスクリームをくすね、娼婦に小遣いをねだる少年（だった自分）かもしれないのだ。「神はブラジル人だ！」というテーゼはこうして、自己中心的な思い込みの表現であることをやめて、徹底した自己相対化によって世界における富や名誉や権力の不均衡な配分に抵抗する民衆的神学として、驚くべき批評的な可能性を示しはじめる。神にブラジル人という国籍を与えつつ、同時にナショナリズムの欺瞞のなかに囲い込まれた民衆の信仰を国家の外部にいさぎよく放擲する。真実という「普遍」がアメリカ（だけ）を祝福するというテーゼが、もはやフェイク（嘘）としての記号的位相を持ちえない自閉した命題であるのにたいし、「神はブラジル人だ！」という表現は、リアルとフェイクのダイナミックな相互関係に自覚的なエーコのような記号学的知性にとって、なんとも見事な認識的飛躍（突破）の契機をもたらしはしないだろうか。

このような、敏捷で機知に富む神の無数の可能態への信仰をとりもどすサッカーの神の日常的顕現をエーコが目撃したとき、彼は円形競技場の宇宙に、はじめて、彼が失ったもう一つのあり得たかもしれない青春の幻影を、まぶしく透視するかもしれない。サンシーロのピッチの上で躍動したかも知れぬ、鈍足で猪突猛進のミッドフィールダー、ウンベルト・エーコのサーカス的秘技を夢想するかもしれない。スタジアムの歓声に自動的に一体化することもなく、勝利の陶酔に我を忘れることもなく、ファンの称賛には羞恥で答え、メディアの執拗な取材には口下手に応答する、選手ウンベルト・エーコのサッカー的矜持を、そのとき彼はつつましやかに世界に向けて表明することができるはずである。

ジーコがあのとき口にした「神」は、こうして、エーコが表明するサッカーとサッカー・ファンへの冷淡さを救う、あらたなフットボール民衆神学の至高神となるのかもしれない。

Cássio Loredano, Garrincha.

ブラジルの風刺画家カシオ・ロレダーノによるガリンシャ。 魔術のように風をはらむ右足と孤高の7番の背中。 人間というものの無垢と栄光と破滅をすべて生き尽くした、ブラジルサッカー史上最高のドリブラー。 民衆の未完の夢。

11 時間論

ピッチの上のニーチェ主義者

時はわれわれにとって一つの問題、気のもめる、無理無体な難問、たぶん形而上学のもっとも核心的な問題であろう。それにひきかえ永遠はお遊び、もしくは息切れした希望に過ぎない。

——ホルヘ・ルイス・ボルヘス『永遠の歴史』

二〇〇二年ワールドカップ。一つのチームが孤独な叛乱を最後まで貫こうとしていた。役割遵守を前提に守備的布陣を敷く現代の組織サッカーに背を向け、プレーヤー一人一人の個性と直感力の発露をのびのびと肯定する攻撃的なブラジルである。自由な快楽にあふれ、瞬間のプレーに全面的に陶酔できるチームを、ワールドカップという強固な勝敗原理に呪縛された場で見るのは、ほとんど奇蹟に等しかった。

南米予選で苦戦し前評判の低かったブラジルは、本戦で驚くほど攻撃的なサッカーを見せた。致命的ともいえる怪我から復活したロナウドを筆頭に、リヴァウド、ロナウジーニョの三人で構成された前線の連携の創造性と前方へのダイナミズムは、痺れるほどすばらしかった。前線でのたった一つのスルー・プレーが、これほどの即興的機知と三者の相互信頼とによって裏打ちされた有機的攻撃として繰り出されたことも、めったになかった。だが日本のメディアは、ゴールは入れても適度に得点されてしまう、予選から見慣れたブラジル守備陣の不安定さを指摘しつづけた。個人技に頼るだけのチームであり、組織的守備戦術を欠いた、「時代遅れの」チームであると暗に批判した。とりわけ監督経験者のコメンテーターが、連日のようにそうした不安をＴＶで語り、あるいは新聞の署名記事にし、攻める快楽よりも失点する不安を強調することで、勝敗原理の支配のなかでわたしたちのサッカー観戦の文法がいかに抑圧されているかを、はからずも代弁した。

現代ヨーロッパにおいて主流となった、中盤からプレスをかけつづける守備的戦術を起点としながら組織的な動きのなかで素早くパスを回して攻撃をしかけるサッカーは、基本的に「勝利」が絶対視されることで成立する戦略である。ゴールへといたる創造的な過程やゴールそのものの示す強度の質を問うことなく、選手を働く駒にみたて、数学的で均質な「得点」に還元されてしまったゴールを一つでも多く奪えば勝利するというゲーム上の皮相な現実をそのまま受容する冒険心なき感性が、結果がすべてと考えるこの勝利至上主義的な戦術を蔓延させた。とりわけ国家の威信がかかり、一度負けるとあとがないワールドカップという場において、勝利至上主義はより強い絶対性を獲得する。すでに再三論じてきたように、そうした条件のもとでは、勝敗という結果だけを求める退屈なリアリズムが、美しさにこだわる遊戯的なファンタジーへの欲望をつねにねじ伏せてきた。

こうした傾向は、私が記憶する限り、一九九四年アメリカ大会あたりからきわめて顕著にゲームの本質を左右するようなかたちで現われはじめた。そして日韓共催の二〇〇二年のワールドカップもまた、この構図を見事に再現していた。ヨーロッパ的合理戦術の渦中にありながら、余剰としてのファンタジーや個人技にいまだこだわりを見せるフランス、イタリア、スペインといったチームの奮闘は、その矛盾によって空しく中途で立ち消えていった。ファンタジーと組織の奇跡的合体を予感させたアルゼンチンも、イングランドやスウェーデンの、一一人で守るもはやサッカーとは呼びえない極端な守備的布陣を突き破れず、ペースを乱しサッカー的運を喪失したまま敗退した。ただブラジルだけが、失点することへの恐怖を忘却したかに見える後衛の破天荒な攻撃参加と、フォワードの目もくらむ美技とインスピレーションあふれるゴールの数々によって、勝敗原理によって曇らされたサッカーの別の快楽原理が存在しうることを孤独に示そうとしていた。

この、現代サッカーの不可避の趨勢に反旗を翻す奇蹟のような叛乱に対し、サッカー的な高揚をみじんも感じることができないのが、メディアや批評界の言説であるらしい。私を失望させる。例えばこんなシーンがあった。二〇〇二年ワールドカップ、準々決勝ブラジル対イングランド戦前半四六分。一点を先取されて反撃するブラジルは、前半アディショナルタイム、ハーフウェイライン手前からこぼれ球をひろったロナウジーニョがフェイントをかけながら一気に相手ゴール前までドリブルで駆け上がった。スピードに緩急をつけながら一気に相手ディフェンダーを置きざりにしてゆくこの時のロナウジーニョのドリブル突破は、まさに人間の肉体の可能性を凌駕するような圧倒的な優雅さにみちあふれていて私の心を強く打った。その最高度の高揚の当然の帰結として、絶妙なタイミングでロナウジーニョはペナルティエリア内にいたリヴァウドへ右足アウトサイドからスルーパスをだす。これをリヴァウドがすかさず左足インサイドキックで確実にゴール左隅に決めて、ブラジルは前半のうちにイギリスに追いつく。味方の陣地からはじまり、ゴールへの強度を一瞬も緩めずに見事に流れるような優美なゴールへと導く陶酔的なボールと足の軌跡だった。

だがこの瞬間のＴＶ中継の解説者のコメントに私は耳を疑った。解説者はゴールの興奮などどこ吹く風といった醒めた声で、「個人技でしかとれないですね……」とひとこと言い、さらに追い討ちをかけるように「組織プレーに頼れないチームですね……」「ゲームを作るということがない」と、ブラジルチームへの不満だけを執拗に繰り返したのである。こうした印象はしかし、おそらく日本の大多数の観衆にとっては共感できるものだったのかも知れない。ブラジルの守備的組織はたしかにあまりにも危うく見え、攻撃の戦術はないに等しく、ただ突出した三人のフォワードの個人プレーにチームの勝敗を全面的にゆだねているようにしか見えなかったからである。その時、「個人技」という言い方と「組織プレー」は、見事に対極的な概念として提示され、前者の気まぐれなあやうさに対して、後者の堅実さと安定が強調されることになる。解説者は、勝利を絶対的におさめねばならぬサッカーのあるべき姿をイメージしながら、ブラジルのゴールの優美さだけにただ時間を忘れて陶酔することを、指導者的意識から戒めていたのであろう。だが私は、現代サッカーの戦術を論じ、また現場で戦ううえでは正論にちがいないこの言説のなかにある、きわめて本質的な錯誤について誰も指摘しないことを、以前から不思議に思っていた。「個人技」というときの「個人」とは、それほどに身勝手で気まぐれで安定を欠いた主体なのだろうか？　一方で、「組織」なるものの構築を言挙げすることで、本当にチームとしての集団的プレーの結束力は強化されるのだろうか？　サッカーを論評する時の、個人と組織、個人と集団というこの紋切り型の二項対立のたてかたに、私は大きな違和感を感じていたのである。

そのことを考えるための手掛かりがある。それは「個人技」と呼ばれるものがもつ、いわば歴史的集団性の問題である。この優美なゴール、いやこの強度あるゴールをうみ出すことになったロナウジーニョのエラシコ（足首を使ったフェイント）やペダラーダ（ボールをまたぐ技）を多用した華麗なドリブルに感嘆しながら、私はそこに、一九五八年のワールドカップ・スウェーデン大会でペレが見せたドリブルの軌跡が二重写しになる感覚を抑えることができなかった。上体を小刻みに上下左右に動かしながら相手にフェイントをかけ、腰の位置をけっして変えずに華麗なボールさばきを惜しげもなく披露する弱冠一七歳のペレ。少年の面影をいまだのこしたこの不世出のジョガドールの不規則なリズムのドリブルが、ほとんど半世紀を経て二二歳の若きロナウジーニョの変幻自在のドリブルに乗り移ったかのような、そんな思いがけない既視感を、私はこのシーンに感じてとりわけ興奮した。

個人の技術に帰せられる「個人技」と呼ばれるもののなかに深く秘められた、サッカー文化の歴史的蓄積――いわばブラジル・サッカーの全ての歴史を内蔵した、個人の身体の示す深々とした集団性をこのとき私は発見したのだ。個人技とは、けっして一人のプレーヤーの個人的特性として他者の身体から切断される単独の技量ではなく、むしろ、厚みあるサッカー文化とサッカーへの継続的情熱が継承してきた、集団的身体性の時間を隔てての顕れにほかならない、と。すなわち究極の個人技とは、集団の伝承なのである。

同じような例を、やはり二〇〇二年ワールドカップのブラジルからもう一つあげてもいい。決勝トーナメントの対ベルギー戦後半二一分、右サイドでボールを持ったロナウジーニョからゴール正面のペナルティエリア際にいたリヴァウドへ長いダイレクトパスがあがる。

このボールをリヴァウドはゴールにたいして後ろ向きのまま胸でワントラップし、背後のディフェンダーの動きを欺くようにそのまま左足でちょんと上げて時間のズレをつくり、振り向きざまに見事なハーフバウンドのボレーシュートを左足で決めた。これもまた、美しいゴールの一つである。そしてこのゴールは、利き足の違いこそあれ、やはり私に、一七歳のペレがブラジル代表として決めた最初の得点シーンを彷彿とさせるものだった。一九五八年ワールドカップ、準々決勝。ブラジル対ウェールズ戦の後半二八分、ジジが頭でペナルティエリア内のペレへパスを出すと、ペレはこのボールを胸でトラップしてから右足でちょんと上げてディフェンダーをかわし、やおら振り向いて右足でシュートを放って記念すべきワールドカップ初得点を決めた。ペレの右足とリヴァウドの左足。利き足の違いによって構図が反転しているからこそ、かえってこの二つのゴールへといたる身体所作の見事な相似形は、私の目にくっきりと印象づけられた。リヴァウドの身体のなかに無意識に伝承され内蔵されていたペレの身体が、このとき不意に浮上したことを私に確信させた。ペレのもっとも有名なゴール、同じ一九五八年のスウェーデンとの決勝戦で見せたシャペウ（帽子《シャペウ》のようにフワリと軽く浮く球でディフェンダーの頭上をかわしてボールを蹴る）による歴史上もっとも驚嘆すべきゴールを、のちに実戦で再現したロナウドやロナウジーニョの機知あふれる身体性もまた、この集団的身体の系譜のなかにあったのである。

　永遠の時間のなかでそのつど回帰する歴史的身体の個別的顕現。これまで「個人技」と呼ばれていたものを、私は新たにこう表現してみる。そして「個人技」がけっして個人の所有物ではなく、厚みあるサッカー文化の伝承がもたらす「集団」的所作の反映であるならば、逆に「組織」という発想のなかで戦術のたんなる駒へと還元されてしまうプレーヤーの身体とは、あまりにも哀れな、断片化された孤独な身体ではないだろうか。勝利の戦術に奉仕するこの「組織」の身体の孤独は、不意の身体的伝承の発露を完全に押さえ込まれ、脱個性化されたエレメントとして、サッカー文化の集団的伝統からもっとも遠いところにある。「個人」と「組織」という対抗軸を安易に動員して語る紋切り型の議論は、「個人」のなかに流れる集合的時間の蓄積を感じとることもできず、「組織」が個人の身体性を究極の断片へと個別化する抑圧機構であるという逆説を問うことも不可能な、あまりに表層的な印象批評に過ぎないのである。

サッカー・ゲームの瞬間瞬間に、歴史が永遠回帰する……。このサッカー的時間の神秘ともいうべき出来事をもっとも感動的に示してくれた試合があった。二〇〇二年ワールドカップ、対イングランド戦のブラジルである。後半一二分、見事なフリーキックを決めたばかりの絶好調のロナウジーニョが勢いあまって退場処分を食らうと、一人足りなくなったブラジルは優雅にボールを回しはじめた。ゴール前でもボールを慈しむように周囲へと散らし、シュートのタイミングをかぎりなく遅延させてはゲームのテンションを持続させた。残り何分、という試合時間の抑圧が試合からすーっと引いていったのはこのときである。ふつうならリードしているチームの退屈な時間稼ぎとしてゲームが弛緩してしまうこの状況のなかで、ブラジルのプレーは時間そのものを止め、無化してしまうような不可思議な身体的強度によって貫かれていた。

そこには「永遠」がある、と私は思った。ブラジルはリードして時間稼ぎをしているのではない。そうではなく、ボールとはじめて出遭った路地裏のフチボルで日が暮れるまで時間を忘れて戯れていたあの少年時代の無垢の「永遠」が、そのとき彼らの身体意識に甦ってきたのだ、と。小さなはだしの足が記憶する、日常の時間が宙づりになったあの永遠の陶酔を、試合のなかに不意に再現させてしまうというような即興的な無意識こそが、サッカー文化の本質に横たわる秘儀的な真実なのだ。だとすれば、「時間稼ぎ」とは、なんと表面的で後向きの表現だろうか。九〇分という、時計の限られた時間にプレーヤーの身体がすべて支配され、その残り時間を、何とか失点しないようにおびえながら稼ぎ、一分、また一分と潰してゆく……。サッカーする身体が、時計の時とは異なった、より深い集合的・神話的時間のもとにも生きていることをすっかり忘れた、この皮相な表現は、すなわちいまのサッカーゲームがいかにサッカー的永遠を自らのものにできないかを見事に露呈している。

「永遠」という観念についてもっとも深く、もっとも想像力豊かに思考したアルゼンチンの作家ホルヘ・ルイス・ボルヘスは、永遠とは「遊び《フエゴ》」であり、「息切れした希望」だと反語的に書いた。だが、いうまでもなく彼の真の希望はこの永遠の遊戯の側にあった。ボルヘスは「円環的時間」と題された小品でこう書いていた。

いかなる時の経過も――百年であれ、一年であれ、一夜であれ、そしておそらくは捕捉しえない現在であれ――完全な形で歴史を包蔵している。(ボルヘス『永遠の歴史』所収)

百年のなか、一年のなか、一夜のなかにすべての人類の歴史がまるごと内蔵されているのであれば、私たちはこう言うこともできるだろう。九〇分のなかに完全なかたちで歴史が包蔵されている、と。さらにこうも言える。九〇分のなかのいかなる瞬間にも、歴史が、サッカーの集合的な身体が、まるごと内包されている、と。であればこそ、いかなるゲームの瞬間にもファヴェーラの裏路地の永遠は喚び出され、いかなるプレーヤーの身体の上にも、ペレやガリンシャの身体が浮上することが可能となる。「世界の歴史は、ただ一人の人間の歴史となる」のだ。

この円環的時間に連なること……。ジョガドール(遊ぶ人)と呼ばれるブラジル人のサッカー・プレーヤーの究極の夢は、九〇分=五四〇〇秒の時を刻む規則的で退屈な秒針の動きの外部へと滑り出し、永遠の時間のなかで自在に泳ぎ飛翔する先人たちの身体に触れることなのだ。それは、自らの内奥に潜む忘却した野生の身体の芯を揺り動かす、もっとも聖なる「遊び」の領域への旅立ちにほかならない。

ニーチェは、『ツァラトゥストラ』のなかでこんなふうに書いていた。

> 幼子は無垢である。忘却である。そして一つの新しいはじまりである。一つの遊戯である。一つの自力で回転する車輪。第一運動。一つの聖なる肯定である。創造の遊戯のためには、この聖なる肯定が必要なのだ。

無自覚で受動的な、断片化された個人の集合体としての群衆とはちがう、永劫回帰のなかで自らの確立した意思により行動する「超人」の思想を夢見たニーチェ。彼は、幼児の無垢の忘却のなかに持続する永遠の時間をとらえ、それを「遊戯」であり、「自力で回転する車輪」のような創造的で聖なる運動であると形容した。幼年期を宿したサッカー。近代の直線的時間の外部へと逃れでようとする、この永遠への志向をはらむことによって、サッカーのホモ・ルーデンスたちは彼らの遊戯を別種の時間的表現として全面的に歌い上げることができる。

彼らはピッチの上で、サッカー的身体において解釈された新たなニーチェ主義を生きようとしているのかもしれない。

アディショナルタイム
Tempo perdido

サッカーが終焉する残照のなかで

私はあるときから、一つの「サッカー」が終焉する残照のなかでサッカーについて書きつづけてきたのかも知れない。いま、強くそう思う。

フランス・ワールドカップ大会があった一九九八年、この本の本論を構成する文章を、真正な「サッカー批評」という行為のための原論として書きはじめたとき、これほど急激に訪れる黄昏の時を予想してはいなかった。言語によって新たなサッカーの誕生を祝福することに、私は楽観的な展望を抱いていた。逆にいえば、サッカーを批評として語る言語を鍛えることなしに、私たちのサッカー文化が豊かに更新される道はないと確信していたのである。だが、九八年のワールドカップのフランス・チームの多民族的祝祭の栄えある結末を踏まえて、その直後から、日韓共催と決まった二〇〇二年を展望しながら書き始められたこの文章は、次第に思いもかけないメランコリーのなかへと引きずり込まれていった。サッカー批評のことばが、世界への問いとして、皮相なる権力への挑戦として、なにものかへの無償の贈与として、生き生きと躍動するためには、それが対象とするサッカーという現実じたいが、そうした言説の希求の力に応じるだけの強い意志と憧憬とを保持していなければならない。だが意外なことに、私のサッカー批評への情熱が昂じるのに反比例するように、サッカーが私に与えてくれるリアルな手ごたえが、手のひらから砂が漏れ落ちるように少しずつ去っていったのである。私が夢見、近づこうとしたサッカーの遊戯的宇宙は、世紀の変わり目の頃から少しずつ、だがはっきりとした別離を沈黙のうちに告げながら踵を返し、世界から姿を消そうとしていた。そうした暗い予感が、サッカーを見、サッカーについて考えようとする私を終始責め立て、憂鬱症のなかへと引き込んでいったのである。

日本にワールドカップを迎えた日々の、群衆を誘導する無表情の警官の群れがスタジアムへ向かおうとする私たちの心の昂ぶりを会場入口にたどりつくまでにすっかり奪い去ってしまう信じられない風景に興醒めし、敗戦のあと新たな期待とともに日本代表監督となったはずのジーコの指導力や戦術への心狭き批判がまもなくメディアをにぎわせはじめる……。ワールドカップの主催を経験したこの国で、サッカーの言説が急速に現場の専門家と称する人々によって私物化され、占有され、発想の寛容性を失い、批評の柔軟性や自由を失ってゆくのをやがて私は目撃することになった。こうした出来事の由来をいま詳しく問い質すことはやめよう。だがいずれにしても、私自身のなかに芽生えた、サッカーについてこれ以上のことばを紡ぎ出すことへの憂鬱、このメランコリーこそが、本書初版が書き継がれ完成してゆく最後の段階に大きな影を差しかけてきたのである。事実上、序論から戦術論までの一〇章を書き終わった二〇〇一年の時点で、本書の思考はいったん中断されてしまったといっても誤りではなかった。

それでも、すでに「ハーフタイム」で触れたように、二〇〇二年のブラジルは、鬱ぎの虫にとりつかれていた私にとって大いなる救いだった。「ペンタカンペオン！」（五度目のチャンピオン！）と騒ぐブラジルのメディアをよそに、私はそうした結果ではなく、ピッチの上で奇蹟的に実現されたブラジル・サッカーの凝縮された美と快楽の合体に痺れ、束の間ではあれ、大いなる高揚と陶酔が私の身体を揺さぶった。だがそれこそ、残照の輝きとでもいうべき最後の光だったのだろうか。それから四年後のワールドカップ、二〇〇六年のブラジルを、私は心から支持することができなかった。ブラジルのホモ・ルーデンスたちは深く悩み、苦闘していた。自らの身体がサッカーと触れあう無垢で繊細な領域をどこかで抑圧しながら、とりすました別のサッカー原理にゲームを従わせようとする矛盾した意思が、もはや押し返すことのできない勢いで彼らを締めつけ、プレーヤーの感情と身体をバラバラに分裂させていた。

私は、そんなブラジルを目撃することしかできない虚ろな気持ちをみずから訝りながら、どこか突き放して、彼らの勝利と敗北とを淡々と見とどけた。残照は、すでに黄昏の空を真っ赤に染め抜こうとしていた。だから二〇〇六年ドイツ大会において私を高揚させた二つの特別のシーンは、どちらもゲームの中身からは離れた外部の出来事であった。その一つは、ジーコを監督にいただく日本にとって思いがけなくも実現した対ブラジル戦での情景である。

対ブラジル戦終了直後の中田英寿の孤独を、私は直観的に理解した。チームとして横並びになってサポーターに敗戦の礼をする情報資本主義の規律と儀式をボイコットしてまで、彼が一人センターサークルに仰向けに倒れ込み、ルシオと交換したカナリア色のユニフォームで顔を隠しながら堪えていた孤独を。沈黙と涙のなかで、中田がつかのま憑依していたのは、チームプレーの実践の抑圧とともに彼が遠ざけていた、意識のホモ・ルーデンスとしての、孤高の美学、フチボルの遊戯性へとすべてを投げ出そうとするブラジル的美学だった。そのあたりまえの美学が彼にとって孤高であるのは、ただ単純に彼がいまの日本チームでプレーせねばならないという矛盾のなせる技だった。このチームに染みついた精神的抑圧の構造を、ジーコとともに彼は放逐しようと奮闘した。中田のサッカーの魂の源泉は、ボールと純粋に戯れ対話する快楽の美学のなかにしかなかったからである。敵味方の別もないみずからの「揺らめく現在の身体」を媒介にして、Futebol-Arte《フチボル＝アルチ》すなわち技芸としてのサッカーをつなぎ止めようとするブラジル人イレブンの流れるような運動体に、彼は幾度浸透していきたい、とゲームのなかで不可能な幻影を見ていたことだろう。そしてもちろん、ブラジルですらそうした身体の無限の躍動と飛翔を諦めねばならない、という瀬戸際にいることを、ジーコも中田も直観的に感じとっていた。

三対一となりもはや試合の形勢は固まっていた後半二一分、高原に代わって大黒がピッチに入ろうとするとき、監督ジーコは大黒に、この最後の瞬間に彼が、チームが賭けるべき「フチボルしつづける」ことの意志の強度を、しっかりと言葉で伝えようとした。だが、ＴＶキャメラが映しだしていた光景は、熱く語りかけようとするジーコにそっぽを向いて、通訳の口だけを見てはやる大黒の浮き足立った姿だった。ジーコのポルトガル語の意味が理解できるかどうか、そのことが問題なのではない。だが、ジーコが、自らの喉を震わせながら、最後の瞬間に伝えようとした言葉と情熱のヴァイブレーションを、大黒は自らの身体にきざみ込むことを忘れ、無視を決め込んだ。その無視が、どれほど無意識のものであり、大黒がすでにピッチのなかにすべての思いを集中していたのだとしても、私はここに日本とブラジルの永遠の乖離を見る。これが中田であれば、イタリア語でジーコとさしで話し、時には怒鳴り合い喧嘩し合いながら、ポルトガル語とイタリア語と英語と日本語のはざまで響く一言半句から、フットボールの核心にある野性の哲学をあやまたずつかみだすことができたであろう。言語と身体はつながり、その接触点があげる閃光のなかに、サッカーの苛烈なリアリティも存在する。だがこのことを深く理解できた者は、残念ながら中田ただ一人しかいなかった。

ことばがボールを蹴るわけではない。だが、ことばが体現する叡知と身体技芸の豊かな相互浸透を忘れた者に、永遠に「ホモ・ルーデンス」の快楽は訪れない。六万人が見守るドルトムント、ウェストファリア・スタジアムのセンターサークルで天を仰いでいた中田の一〇分間の孤独は、その沈黙は、彼の奪われかけていた自由な身体と言語がふたたび覚醒するために必要な儀礼だった。それは苦痛の果ての、透明な真実の顕現の快感でもあった。揺らめく野性の官能のなかで躍動するフチボル＝アルチの感触を思い出しながら、中田は敗戦といった「結果」からは永遠に遠い地点で、ただこの遊戯的な身体と無垢の叫びがゆっくりと彼のもとに帰ってくる透明な幸福感に痺れていた。

もう一つの鮮烈な情景。それはベルリン・オリンピックスタジアムでの決勝戦におけるジネディーヌ・ジダンによるいわゆる〈頭突き〉事件である。だがこれを〈頭突き〉と呼んで平然と報道し語る人々に、私はどうしようもない違和感を感じた。私はそのあまりに軽率で、機知を欠いた、その行為がなされた文脈に最低限の配慮すらないメディア的言説の席巻にあらためて首を振るしかなかった。誰があれを〈頭突き〉と呼ぶのだろうか？　喧嘩における真の頭突きとは、自分の頭で相手の頭をまっすぐにゴツンと痛打することだ。それは特定の文化における特定の文脈においてなされた時に真の意味を分泌する、ほとんど決死の聖なる儀礼的行為であるはずだった。金一《キム・イル》、すなわち力道山を慕って韓国から単身日本プロレス界に乗り込んだ「大木金太郎」がリング上で繰りかえした壮絶な〈頭突き《バッチギ》〉の、権力への文化的抵抗の身振りとしての深い歴史的消息を、私は少年時代の鮮烈な記憶からとり出すようにそのとき思い出していた。そしてだからこそ、私は確信するのだった。ジダンのあの究極の行為は、サッカー的身体が歴史のなかで築き上げてきた打撃の精華としての身振り、すなわちヘディング以外のなにものでもない。それも、サッカー史上最高に美しい、正真正銘のヘディングだった、と。

ジダンが、手を使わないというサッカーゲームのルールに忠実にのっとって行った、マルコ・マテラッツィの許されざる言語的暴力に対する最後のサッカー的抵抗として、私はあのヘディングを全面的に支持した。決勝戦のプレーの外部にあってもっとも戦慄的で美しいシーンであり、ヘディングのシルエットとしても至高のものだった。あのシーンは、あるいはマラドーナの「神の手」による偽ヘディングとならぶ、あるいはそれを凌駕するサッカーへの啓示的光景なのかもしれない。のちの会見で、ジダンは子供たちに謝っていたが（謝らされていたが）、そんな謝罪の必要はまったくない。ジダンほどの選手が、引退の決意を胸に秘めて、最後に身をもって主張したサッカー的不条理にたいするあの強烈なメッセージを、子供たちはむしろ本能的に理解し、その真実の苛烈な強度を自分の肉体にきざむはずだからだ。それこそが、真の教育というものである。スポーツの暴力シーンを子供の目から隔離しておけばよいという正論的なヒューマニズムこそが、深みを失ったコミュニケーションのいまを象徴している。「頭突き」という言葉もまた、そうした表層のメディア空間で軽々しく飼いならされ、棘を抜かれて浮遊しているにすぎない。民主化運動の渦中にいてながく獄中にあった韓国の抵抗詩人高銀《コウン》と東京の座談会で語り合い、やがて酒宴で酔いが回るうちに、高銀は集まった親しい友人たちにつぎつぎと強烈な〈頭突き《パッチギ》〉をして廻っていた。最後には私の頭にも一撃。一つの意味に収斂しようのない、記憶と歓喜と陶酔の一瞬を伝える流儀として、この原初的な〈頭突き〉の仕草ほど見事なものはほかになかった……。

　言語の暴力、言語の専制にたいする、無言の、しかし本質的な抵抗として、ピッチのうえで、腕を縛られたようにしてヘディングで応えたジダンの無意識の教えに私はあらためて戦慄し、ことばの日常的な横滑りがもたらす醜悪と無惨とを再認識して襟を正す。詩人高銀の「真の」頭突きもまた、同じ流儀の、言葉が消え去る臨界の地点を意識した、最後の瞬間の魂の高揚を伝える手段だったにちがいない。そして批評のことばもまた、誤ればただちにこの歴史的なヘディングやパッチギの洗礼を受けるべき、重い真実を共有するリアリティのなかに生きているはずだ。

　ともかくあの時、あれらの瞬間を目撃したとき、私のなかのサッカーが、静かな音をたてながら一気に瓦解していった。中田の透明な茫然自失と、ジダンの苛烈なヘディングによる叛乱は、そのときの固有の文脈を超えて、私に現在のサッカーがおかれた本質的な苦境、ディレンマの象徴と映った。それ以降のサッカー界を、かつてのような批評的情熱とともに総括し展望することにもはや私の関心はほとんどない。無論、いまのサッカーの置かれた苦境は、スポーツイベントを経済的にも心理的にも消費するだけの人々の表層的な狂躁によって押し隠され、多くの少年少女たちは幻想の夢を見つづけるだろう。サッカーにおける市場原理の圧倒的支配はさらに進み、スポーツ・ビジネスの潮流のなかに完全に包囲されたサッカー選手は、有能であればあるほど、自らの身体的技芸を真に発揮する自由を獲得する前に、マネーゲームの犠牲者となる。彼らは金銭とそこそこの名誉とを引き換えに、サッカーの神が慈愛とともに育て上げた宇宙から殺伐としたエコノミーの沙漠へと追放される。想像を絶するほどの移籍金や年俸の額だけが独り歩きするメディア報道は、貧しい故国のお金をめぐるあたりまえの日常感覚を麻痺させ、国外で成功した選手たちの故国に残された家族は、しばしば金目あての誘拐や恐喝の被害に深く心を痛める……。

私は、二〇〇三年のサントスＦＣで、ジエゴと組んで目も醒めるような自在なドリブルを見せていたロビーニョを思いだす。ペレの身体が、新たにこの一九歳の小柄で敏捷なムラートにまちがいなく継承され、サッカーという共同体の歴史のなかに連続する集合的身体が保存されていることを確信し、彼らの遊戯的なプレーに陶酔した日々を鮮烈に記憶する。ロシアの石油王や、アラブの富豪や、中国系の大企業がつぎつぎとヨーロッパの第一線級のクラブチームの所有者となり、不当なほど吊り上げられた年俸と移籍金を提示されて選手が売り買いされる現代の奴隷市場に、ロビーニョが取り込まれてしまった悲劇を深く憂慮する。このペレの再来は、一八年間不動の10番としてサントスＦＣというブラジルの一地方チームに自らのキャリアをすべて捧げた元祖ペレの時代からはるか半世紀近く後に、真の「ホモ・ルーデンス」としての身体哲学をピッチの上でまだほとんどなにも実現するまえに、先物買いの強迫観念で無闇な投資ゲームを続けるスポーツ・ビジネスの網にからめ捕られ、エコノミーの沙漠を放浪し、行き倒れてしまったのだ。

クラブの広告塔もまた勝利の告知を煌《きら》めかせ続けねばならない宿命を負う。本書で執拗に問い直し続けた勝利至上主義の抑圧は、たやすく私たちの世界から去ることはないかもしれない。だがその抑圧から私たちを解放する批判的情熱をはじめから放棄したサッカー批評を、私は想像することができない。そう断言し、批評のことばの矛先をここでいったん世界の先端部分から自らの内奥へと収め、私は、世界とサッカーの未来に向けて、自分自身のフチボルが見出されたはじまりの場所に還ってゆく。青年マラドーナの異形の姿を始めて見たメキシコ、アステカ・スタジアム。ケレタロの風わたる高台にあって素朴な庶民の家並を見下すラ・コレヒドーラ。アマゾン河口、赤道直下の町マカパにあって、赤道そのものをセンターラインとして両チームが北半球と南半球を股にかけて遊ぶミルトン・コレア・スタジアム（愛称「緯度ゼロ《ゼランゥ》」）。リオの優美な女神マラカナン。サンパウロの椰子樹なびくパレストラ・イタリア、パカエンブー……。ブラジルの名もなきホモ・ルーデンスたちがいまも純真に遊ぶ、あの円形をした永遠の宇宙へと。

フチボルの女神への帰依を誓うこと

一対五と一対七。六四年ぶりに南米のサッカーの聖地に還ってきた二〇一四年ワールドカップ・ブラジル大会は、この二つの試合の驚くべきスコアによって記憶される特別の大会となるだろう。勝者ではなく敗者の存在が、それも圧倒的な敗者の存在が、これほど大きく私たちの胸の内をとらえた大会もなかったからである。

事実を簡単に回顧しておこう。大会二日目にして、二連覇を狙う優勝候補スペインが、オランダに一対五という信じ難いスコアでまさかの敗北を喫する。「ティキ・タカ」という名で知られる流れるような華麗なパス回しでボール・ポゼッションを支配し、集合的身体の流麗で可変的な自然編制《スポンティニアス・アセンブリー》によって相手を翻弄するスペイン特有のスタイルが、屈強な個的身体を誇るオランダの極端な守備陣形からの強引とも思えるカウンター戦術に、なすすべもなく崩れ去ったのである。ただちに、パス・サッカーの終焉、という性急な結論すらここから語られるようになった。

さらに驚くべき出来事は、準決勝の対ドイツ戦での「王国」ブラジルの大敗である。一対七。この屈辱的なスコアの衝撃は大きかった。一九五〇年ワールドカップ・ブラジル大会の頂点を決める戦いでウルグアイにまさかの敗戦を喫した「マラカナンの悲劇《マラカナッソ》」の神話さえ凌駕する、新たな二一世紀のサッカー神話としての「ミネイロンの悲劇《ミネイラッソ》」。今後ブラジルはこの神話を生きてゆく宿命をたしかに背負ったのである。

その前のコロンビア戦での接触で腰椎を骨折したネイマールと、累積警告のチアゴ・シウバの不在。すなわち攻撃と守備の要の選手を二人とも欠いた手負いの地元ブラジルが、ドイツになすすべもなく敗れる姿は見ていて痛ましかった。とりわけ前半のわずか六分間で四点をたてつづけに失ったブラジルは、あまりの衝撃に戦意そのものを喪失し、即興的で遊戯的な芸術サッカーの片鱗すら見せることができずに力なく敗退した。観客は涙を流し、声を失い、自国チームの大敗を報道するブラジルの新聞は、衝撃、屈辱、悲惨、悪夢、恥、といった言葉で紙面を埋め尽くすことしかできなかったのである。そこには負け惜しみの言葉もなく、この絶望から簡単に立ち直るきっかけはつかめそうになかった。

私は、試合を見ながら、動揺というよりは深い覚醒をともなった不思議な感覚のなかにひたされている自分を感じていた。なんとか言葉にするならば、それは勝敗という皮相な結果から遠く離れたところにあるサッカーそのものの美質が否定され、遊戯的なサッカーの女神が冒涜されている、という感覚である。なによりも、ブラジル的・ラテン的な意味でフチボル（サッカー）の本質にあるのはボールにたいする愛情と敬意であり、遊び心をふまえたボールにたいする慈しみの感覚である。貧しい場末の裏路地で雑巾を丸めたボールを裸足で蹴りはじめた幼年期以来、彼らにとってのボールはたえず足先にそれを抱きながらゴールへと運ぶ、美しく柔らかな女神の身体そのものだった。そうした原初的な感覚から見たとき、オランダやドイツのプレーは、ボールをあまりにも粗暴に扱い、あたかも代用硬貨《トークン》かなにかであるかのように、ただひたすらそれをゴールに攻撃的に蹴り込むことで得点への強迫観念の抑圧を「精算」しているようにしか見えなかった。サッカーへの欲望が、得点への欲望へとここまで完璧にすり替えられてしまった事実を目撃するのは悲しかった

　ひたすら繰り返すしかないが、サッカーがもたらす快楽の根源にあるのは、瞬間瞬間のプレーが生み出す美しさと強度である。そこから生まれるゴールはそのもっとも凝縮された帰結ではあるが、それは必ずしも均質な一点という数学的なリアリティにおいて意味をもつわけではない。ただ勝利至上主義の抑圧だけが、すべてのゴールを数学的に均質な一点として規定し

てしまうのである。フチボルの遊戯的で変幻自在の美学は、まさにこの定量化され均質化されたゴールを数学的閉域から解放するためにこそ生まれたのである。

そんなフチボルの美学から見たとき、たとえば対スペイン戦のオランダの四点目は認められないばかりか、非難されるべきですらある。スペインのゴールキーパー、カシージャスが味方のバックパスによって処理しようとしていた足下のボールを、三対一とリードしている場面でファン・ペルシーが無理矢理チャージ（インターセプト）に行くという行為は、私にはサッカーそのものの快楽を否定するプレーとしてあまりにも粗暴に映る。あるいはまた対ブラジル戦のドイツの四点目も同じだ。クロースが、味方にバックパスしようとするフェルナンジーニョのボールを背後から奪ってケディラとのパス交換でゴールに突き刺す。だがこれもすでに三点をリードしている状況で、さらに相手のスキをついて一点でも二点でもとりに行こうという、得点への抑圧の産物でしかない。勝つことだけがすり込まれたように選手の身体を支配し、サッカーというゲームの美的な均衡を受けとめて攻守を譲り合うという優雅な感覚は完全に否定されているのである。このような行為を、私はブラジルの国内リーグ戦で見たことは一度もなかった。

遊戯的なサッカーの女神への冒涜。その現場を目撃したにもかかわらず、それをスペインやブラジルの大敗という結果だけをもって総括し、「悲惨」とか「屈辱」とかいった言葉で受けとめるしかない巷の言説に私は異議をとなえたかった。勝利に徹底して拘泥し続けるドイツやオランダが露呈するサッカー的悲惨の方が、はるかに重篤なサッカーそのものの危機ではないのか、と私はあえて問い直したかった。そう、現在のサッカー競技の中心にいる帝王は、ただ点を取り続ける抑圧だけに自らを預け、結果としてサッカーの女神《ミューズ》を貶めているように私には思われたからである。そう確信したとき、「一対七」というスコアの屈辱は反転する。

壮絶な敗戦によって沈黙が支配するミネイロン・スタジアム。試合終了直後、ブラジルの黒人選手ルイス・グスタヴォは彼がいつもやるように、ピッチに膝まずいて長いあいだ神に祈っていた。敗北によって押し寄せたかもしれない悲嘆の感情にけっして屈することなく、試合の結果ではなくフチボルの神の方に向かって、彼は眼を閉じ、なにごとかをつぶやきつづけていた。私はその瞑想的な姿にひどく心打たれた。フチボルという偶然で移り気の女神の残酷な配剤を、彼は深いところで受けとめ、赦し、心の奥底でその因果を反芻しようとしていた。そう、ルイス・グスタヴォが示しているように、フチボルとは、やはり神との深い対話にほかならないのだ。ボールという球体の示す遊戯性の精霊との触れ合いによって、日常のなかにある聖性と奇蹟のようにして出逢うための機知あふれるコミュニケーションなのだ。私はなぜか清々しい気持ちにすら襲われながら、この世紀に一度ともいうべき女神のきまぐれに、深く心動かされていたのだった。

サッカーは、それにかかわる権力者や受益者たちにとって、いまや莫大な利得をあげるためのビジネスであり搾取システムにほかならない。そしてそれが商品として成立する絶対条件は、自チームの勝利である。現代サッカーにおける勝利至上主義は、単純に言えばこの条件によって不動のものとなった。チャンピオンズリーグというビジネス競争の至高の舞台で戦いを繰り広げるヨーロッパの主要クラブは、才能ある選手を数十億円から一〇〇億円を超える移籍金によって自在に取引きすることの不条理をもはや理解できなくなっている。経済原理の支配によって窮屈なアリーナとなったフチボルの美学の自壊が、私たちが目撃するサッカー的現実の実態である。

しかも選手たちは、経済原理の犠牲となっただけでなく、いまやテクノロジーの奴隷でもある。ブラジル大会からゴールラインテクノロジー（ＧＬＴ）がワールドカップにも導入され、七台のハイスピードカメラがゴール周辺を撮影しながらボールの軌跡を電脳の鷹の目で捕捉しつづけた。この「ホーク・アイ」などとも呼ばれるテクノロジーが、もともとミサイル追尾システムの応用によって生まれたシステムであることを意識する人は少ないかもしれない。サッカーのデジタルな公正性といわれるものが、実は戦争を遂行するための軍事テクノロジーによって支えられているという事実を知ったとき、私たちはサッカーの判定の公平性がデジタル装置の導入によって保たれたといって真に喜ぶ事ができるのだろうか？

さらにいまや選手たちはスタッツ（統計）と呼ばれるデータの奴隷でもある。選手とボールの動きを捕捉する監視カメラと、スパイクに埋めこまれたデジタルセンサーと、身体機能を瞬時にモニターするデジタルブラジャーによって、選手たちのパフォーマンスは即時にデータ化され、数値化されて、戦術構築のための素材として管理されていく。即興と偶然性とノイズによって、思いがけない運動性と奇蹟的なゴールの瞬間的顕現としてあるべきフチボルのリアリティが、合理的に勝利をめざす精緻なデジタルデータのアルゴリズム体系へと変貌させられているのが、いまのサッカーなのである。ドイツ・サッカーがいかに強かろうと、私は、このチームの背後に、人間の可塑性にみちた身体の自然編制への動きを感じることができない。そこにあるのは、徹底的に合理的に調教され、詳細なデータから組み立てられたアルゴリズムに則ってその戦術を忠実に行使する、デジタルアバターのようなプレーヤーたちの群像である。にもかかわらず、ドイツの優勝をもってこうした「先進的」スタイルを手放しで称賛し、サッカーの理想をそこだけに求めるような発想が支配的になるとすれば、それはサッカーにとってきわめて不幸な事態といわざるをえない。さまざまなサッカー、さまざまな身体が、国の数、チームの数ほど存在し、それらが各々の自由と創造性に信を置きながらピッチの上で対峙するからこそ、ゲームは魅力的な戦いの舞台となる。だがデジタル合理主義的な勝利戦術の支配が全世界のサッカーにゆきとどいたとき、サッカーの試合とは結局、より有効なスタッツ（ビッグデータ）と戦術プログラムを駆使したチームの方が勝つという、味気ない電脳ゲームに還元されてしまうであろう。戦術を導く数学的アルゴリズムの優劣によって決まるゲーム。身体の主体性と、そこからの変異として生じる遊戯的機知を司る偶然の女神が追放されたサッカーの未来は、悪夢以外のなにものでもない。

サッカーは、とりわけ偶然性の女神の配剤が顕著なスポーツである。むしろその本質は、丸いボールという偶然の運動性と遊び、即興と機知を込めて「戦術」という不自由を解放し、勝利至上主義という抑圧を相対化しながら美と快楽を表現する運動だったはずである。そこには、人間の情動的関係性やコミュニケーションの、日常哲学と精神的均衡への、隠された秘法を探ろうとする衝動も隠されている。サッカーが与えてくれる感動や高揚のもっとも深い根拠もそこにあったはずなのだ。

そうであれば、いまやブラジル民衆の心はワールドカップから少しずつ離れつつあるともいえる。商業的イベントとしてのサッカーの頂点がワールドカップにあることは間違いない。だがだからこそ、すなわちＦＩＦＡと国家と多国籍企業によってサッカーがほとんど経済的に私物化されてしまったワールドカップは、もはやブラジル民衆が信ずる純粋で優美で即興的なフチボルを体現することができなくなっているのである。

一年以上も前から続いてきたワールドカップ開催反対のデモは、たんに社会インフラや教育・福祉への予算配分を求めるという経済的に逼迫した民衆の生活を映しだすだけでなく、よりおおもとでは、自己同一性の根拠ですらある内なるフチボルの美学を守ろうとする民衆の心が、勝敗原理と利潤追求に特化したゲームの興行から離反していることの正確な反映なのだ。今回、スタジアムのスタンドを埋めつくすブラジル人サポーターの顔つきを見たとき、奇妙な違和感を覚えた。私が記憶する、素朴なスタジアムで地元チームに熱狂するブラジル民衆たちとはちがう、より白く、より裕福そうな顔、顔。高額のチケット代を払うことのできた観衆のなかには、これまでブラジル・サッカーを支えてきた民衆とは明らかにちがう人々がたくさん交じっていた。

民衆の心の支えとして生きつづけてきたサッカーが失われるべきではない。勝つためでなく、生きるための指針として表現される即興と機知と自己省察にみちた身体アート。未来のサッカーが、コンピュータ・プログラムと合体したサイボーグのような電脳的リアリティのゲームへと成り果てる前に、フチボルの気まぐれな女神をふたたびピッチへと招喚し、この女神への帰依を心の奥底から表明しながら、生きるための愛と快楽を示すためにプレーするフチボルの美質を、永遠に守り抜かねばならない。

私は、「一対七」の悲惨や絶望から抜けて、現代サッカーの瓦礫の傍らに広がる、始原のやわらかい風が吹き抜ける荒野へと出てゆく。そこでは、サッカーの女神がブラジルとドイツのどちらにむけて微笑んでいるかは自明である。私のなかにこんな幻想的風景が立ちあがる。危機的な状況を背にして、いまも理想を追求する優美なチームが未知のサッカーのピッチへと歩み出す。規律化され情報化された現代人の身体的抑圧を逆手にとりながら、その関節を自由にはずし、脱臼させつつ、個と集団の身体の奔放な自由を奪還しようとするゲリラたちである。開演の厳かなファンファーレなど必要ない。俊敏な小鳥たちは美声で騒ぎたて、これから起こる事をすでに直感しているからだ。彼らは、競技スポーツの枠に収まることから叛乱する原初的衝動によって、サッカーこそ、スポーツがもっとも深く華麗な美学＝アートへの通路へと接続されていることをふたたび証明しようとしている。

過去の奇蹟のようなシーンが、彼らの身体には重層的な歴史として宿っている。一九五八年スウェーデン大会決勝のペレのシャペウによる幻惑のゴール。一九七〇年メキシコ大会決勝のカルロス・アウベルトのゴールによって嵐のように揺れ、躍り出すゴールネット。一九八六年メキシコ大会のマラドーナのハーフウェーライン手前からの五人抜き、そして「神の手」……。これらの真に記憶すべきプレーは、サッカーにおける偶然性と即興の女神がまさにその場に顕現したことを示す、特別の瞬間にほかならない。勝利への合理性を突き詰めることによっては決してたどりつけない、驚くべき技芸《アルス＝クンスト》と想像力の種子が、スポーツの場にいまだ生きていることをそれは証明した。中南米の密林のなかで悠久の時間を生きてきたゴムの樹の精霊オルクアウィトルの弾力と偶然の運動性・可塑性が、彼らの技芸の源泉だった。

FUTEBOL――それは文字通り簡潔に、「足」futと「ボール」bolの自由自在な関係性の上にうちたてられた美学＝哲学だ。関節をもったしなる身体と、ゴムの樹の精霊がもつ偶然性との合体の奇蹟。両者は求めあい、愛撫しあい、からまりあい、いだきあう。ときに離反し、別れ、遠くへと去り、なおも互いを見守りあう。即興という名のボールを前に、足は流体のような可塑性にみちあふれた新しい身体へと変容する。硬直しかけた個の身体は、集合的なアッサンブラージュの変容体へと組みたて直される。それはやわらかな泡でできている。それは煌めく春のアマゾン・デルタ。それは南風に騒ぐハシバミの枝。それは雨後の太陽を映し出す水たまりの微笑。矩形のピッチが揺れ、歪み、白線はカーヴを描き、ゴールポストは伸縮する。千人のクラッキたちが千のボールを頭に戴き、王国のカルナヴァルの幕が静かに開く。

Claudio Tozzi, O goleiro, 1970.

建築を学んだブラジルの画家クラウジオ・トッツィは、抽象的な幾何学模様をモティーフとする作品を数多く描いている。その彼がサッカーを描くとき、ちょうどゴールネットがイメージを自由に羽撃かせるため格子模様（グリッド）となる。だから彼の指定席はいつもゴール裏。

夜の祝宴

Festa da noite

曲がった脚の天使たち

そこでは、人はサッカーのなかに生まれ落ちる。サッカーという、歓声で満たされた揺り籠が、生まれたばかりの赤子をつつみ込み、優しく育む。赤子は、そのリズミカルな揺れのなかで、すでにサンバのステップを身体に刻み、ジンガの機知にあふれたドリブルのリズムを本能的に身につけてゆく。

物心つけば、すでに彼の前にはボールがある。あるいはボールに似た、ボロ切れでできた丸く柔らかく敏捷な生命体が。この、息を潜めた無垢の球体が、彼にそっと最初の誘惑の言葉を投げかける。路地に出なさい。わたしを足で受けとめてみなさい。わたしと遊び、そしてわたしを思いっきり、愛と陶酔とともにゴールのなかに蹴り込んでみなさい、と。ブラジル人の誰もが、父祖の代から集合的な記憶として受け継ぐ、サッカーの女神のささやき声である。

少年はこうして、サッカーの宇宙のなかで自己に目覚め、世界と触れ合い、たくましく成長してゆく。スタジアムだけが学びの宇宙ではない。彼の生まれ育つ町そのものが、街路が、場末の寂れた広場が、海岸のだだっ広い砂浜が、サッカーのつつましい美学と哲学を体現する小世界となるのだ。彼はそこで、たとえば「永遠」というような感覚を身体ごと学びとる。傾斜した石畳の坂が広がる裏路地での裸足のストリート・サッカー。雑巾を丸めただけのボールと、チョークで壁に描いたゴールマウス。まだ日の出から間もない斜光が落書きだらけの壁をみずみずしく照らしだす早朝から、空腹など忘れて、茜色の空が闇に沈んでゆく夕暮れ方まで。親のだれも呼びに来ないし、帰宅を促す町内放送など無論ない。そこで彼らは時間を忘れ、ただ素朴なボールの感触を足で慈しみながら、蹴り、走り、シュートし、サッカーの女神とひたすら戯れる。そのとき時計は止まり、永遠が忍び込む。

初めて知る「永遠」の感覚はこうして、概念としてではなく、サッカーの宇宙の傍らに咲くジャカランダの優美な紫の花のように、あまりにも当たり前の日常の倫理として、少年たちの体内に宿るのだ。この永遠を身体に宿しているかどうか。それが、近代の抑圧的な時間にからめ捕られた人間をその隷属状態から解放するための、秘密の技法となる。

そんな日常の美学=倫理としてサッカーをいただく土地、ブラジル。だからこそ、ブラジル人の生きる「フチボル」という宇宙の豊かさは、さまざまなところに無数のサッカー賛歌を生みだしてきた。サッカーは、スポーツというジャンルを超えて、踊りとして、歌として、そして詩としても、彼らに同等の価値と充実感を与えつづけるからだ。いくつものサッカー賛歌をつくり、歌った代表選手が、異端の黒人歌手ジョルジ・ベンだ。一九七六年の名盤『アフリカ・ブラジル』の冒頭に収録されたサンバ＝ファンクの傑作「アフリカの槍先――ウンババラウマ」は、文字通り「ゴール人間」と呼べるほどにサッカーと、ボールと一体化してしまった選手への最高のオマージュである。それはこうはじまる。

ウンババラウマ　ゴール人間／ウンババラウマ　ゴール人間／ボールと遊べ　ボールと遊べ／ボールと遊べ　ぼくはボールと遊びたいんだ／／跳べ　跳べ　転べ　起きろ　上がれ　下がれ／走れ　撃て　スペースを見つけるんだ　震えとともに／そして　感謝のゴール／ほら　おまえがプレーするのを見るために／この美しい午後／町中はすっかり空っぽになった……

(Jorge Ben, "Ponta de lança africano: Umbabarauma", *Africa Brasil*, 1976. 私訳)

ウンババラウマとは、「アフリカの槍先」という異名を持った、黒人のクラッキ（天才的プ

レーヤー)。そんな名前の選手が昔どこかにいたと言う人もいるし、ジョルジ・ベンが生みだした想像上のプレーヤーだと言う人もいる。サッカーを語り伝える言葉も、ブラジルではすでに伝説か神話の世界になかば入り込んでしまう。現実と夢想が溶け合い、事実に理想が混入し、サッカーと呼ばれる宇宙はまさにわれわれの宇宙そのものの物理的メカニズムと同じく無限の膨張を続ける。豊かにふくらみ、目もくらむスピードで突進する。

生粋のリオっ子であるジョルジ・ベンは、いうまでもなく熱狂的なフラメンゴ・ファン。その彼にはこんな歌もある。「ガヴェアの背番号10」という魅惑的なナンバーだ。

ペナルティエリアの縁でファウルだ/誰が蹴るって?/それはガヴェアの10番/それはガヴェアの10番/豊かでリズミカルに躍動する個人技/鋭い読みとパスセンス　人を惑わせるドリブル/抜け目なく　電光のように突き刺さるシュート/ゴールネットは燃え上がる……

(Jorge Ben, "Camisa 10 da Gávea", *Africa Brasil*, 1976. 私訳)

ガヴェアの背番号10。それはいうまでもなく、フラメンゴという、ブラジルでもっとも栄光に満ちたチームの象徴であったジーコのことである。七〇~八〇年代。リオのたおやかな海を睥睨する岩山ガヴェアを背にした小さいけれど熱いホームスタジアム、エスタジオ・ダ・ガヴェアの観衆を誰よりも湧かせた小柄な天才プレーヤー。その身体技法とサッカー美学を歌のなかで見事に再現しながら、ジョルジ・ベンは続けてこんなふうに私たちに歌いかける。彼は完璧な選手ではないかも知れない。でも彼のマリシア、すなわち抜け目のない賢さ、狡猾さは万人の記憶に残る。民衆の、組織や権力への抵抗心を奮い立たせる。ジーコは、サッカーの霊感が訪れないときでも、霊感をひたすら求めつづけて奮闘する。規律でも根性でもない。大切なのは情熱と霊感（インスピレーション）……。

これがブラジルサッカーの変らない真実である。マリシアは狡猾さのことだとふつう言われるがそれだけではない。むしろそれは遊戯的な批評精神のこと。良いこと、正しいと言われていることの背後にあるからくりや矛盾を、遊び心によって関節外しするように相対化すること。生真面目さの抑圧をふりはらって、快活な幸福を遊戯精神とともにとりもどそうとする探求心のこと。その後の数多のクラッキたち、ロマーリオ、リヴァウド、ロナウド、ロナウジーニョ、そしてネイマールにも、このマリシアは引き継がれている。

サッカー賛歌のとどめは、ブラジル民衆の桂冠詩人ヴィニシウス・ジ・モライスが一九六二年に書いた傑作詩「曲がった脚の天使」。私はこれに勝るサッカーへの賛辞を知らない。リオの民衆チーム＝ボタフォゴで活躍し、ペレと並び称された不世出の右ウィング。小さい時に罹ったポリオによって足がねじ曲がり、そのために生まれたトリッキーなドリブルによって誰も寄せつけなかったガリンシャは、とりわけ貧しい人々の英雄となった。ヴィニシウスは、その姿を文学的な作品のなかで永遠化した。詩の全文はこうである。

ジジのパスを受けて、ガリンシャが突進する
ボールを脚にはりつけ、目を見開き
ドリブル一つ　ドリブル二つ　そして立ち止まり
一瞬のタイミングを測るように　瞑想する
予感とともに彼はふたたび走りだす
思考のスピードよりも速く
ドリブルをもう一つ　もう二つ
脚のあいだに幸せそうにからみつくボール　風の脚
群衆は興奮のなかで立ち上がり
叫び　死ぬほどもだえ

希望の歌をユニゾンで歌う
天使ガリンシャはそれを聴き　それに応える
Goooool!
それは純粋なイメージ
Gが o をシュートする
ボールは l《エル》の形をしたゴールマウスの中に
それは純粋なダンスそのもの！

（Vinicius de Moraes, "O anjo das pernas tortas", 1962. 私訳）

ゴーーーーール！　この歓喜の叫びが、そのまま、シュートするガリンシャの「風の脚」と、吸い込まれてゆくボールの軌跡と、ネットを揺らす閃光として、詩の中で鮮かに映像化されている。Gはもちろん Garrincha（ガリンシャ）のG。Goooool! という文字列に、そんな永遠の構図を読みとったのは詩人ヴィニシウスだけだった。そしてだれもがブラジル人とともに、この純粋なダンスを踊ることができるのだ。

ブラジル・サッカーは声のゲームでもある。「アフリカの槍先」や「ガヴェアの10番」や

「曲った脚の天使」が躍動するスタジアムの光景を脳裡に思い浮かべたとき、私の耳がどうしようもなく再現してしまうのがラジオのサッカー中継の実況の声である。これほど音楽的なスポーツ実況はほかにない。サッカーは音楽なのだ、と確信するもっとも本質的な理由は、ボールと身体の動きに呼応するこの実況の声の優雅な旋律のゆえである。幾人かの名人アナウンサーたちの声がすぐに耳に鳴りだす。誰よりもまずオズマール・サントス。彼こそブラジルにおけるサッカー実況の王様であり、その快活な声のトーンと、一分間に一〇〇語を優に超える単語をまくしたてる超絶的な舌の技巧に、私はほんとうに痺れたものだった。オズマール・サントスは、その独創的な形容にみちた決め台詞も印象的だ。衝撃的なゴールの瞬間の「イーーーーーキーーーーーゴーーーール!」(何というゴール!)という表現はその叫びそのものにゴール以上の感激を味わうことができたし、優美なゴールのあとのリズミカルな余韻をあらわす「チロリロラ　チロリロリ!」という歌うような声は、私の昂揚する心をつかんで自然にサンバを踊らせた。

　もう一人の達人、ガルヴァン・ブエノも忘れることはできない。彼はサンパウロのラジオ局でキャリアを開始し、八〇年代からはリオのＴＶグローボに移籍して数多くの名場面で実況を担当した。一九九九年のコパ・アメリカの対ベネズエラ戦で、ロナウジーニョ(ガウーショ)

のアクロバティックなシャペウ（「帽子」＝ボールを相手の頭上に軽く浮かせて抜く技）による代表初ゴールを実況したとき、ガルヴァン・ブエノが四回繰りかえして叫んだ“Olhe o que ele fez”（「この技を見よ！」）という科白は、いまや伝説と化しつつ日常的に使われている。やはり彼の決め台詞だった“Haja coração!”（「心臓が止る〜！　心燃えあがる〜！」）などは、ブラジルのテレノベラ（シリーズもののＴＶメロドラマ）のタイトルにも採用されたほどである。サッカーのラジオ実況中継がもたらす音楽のような声の精緻な伝達は、すでにブラジル人の日常美学そのものとなっていることを、こうした事実は示している。

そして詩。ブラジルでは、文学の最高水準を築き上げた高踏的な詩人が、もっとも大衆的で貧しいサッカー選手の熱狂的なファンとして、数多くの詩をサッカーに捧げていたりする。一九八三年一月、「曲がった脚の天使」、不世出のクラッキ、ガリンシャが亡くなった時、モデルニズモの最高の詩人の一人、カルロス・ドゥルモン・ジ・アンドラージは新聞に思い入れたっぷりの追悼文を寄せた。ガリンシャの存在は、現役時代の瞠目すべき足技だけでなく引退後の破滅的な人生も含めて、「愛すべき無責任」そのものだった、とドゥルモンは書いている。この場合の「無責任」とは、否定的な意味ではなく、むしろ誰も「とがめることができない」という意味であり、弱さも含めた人間というものの「無垢《イノセンス》」というしかない美質への究極の肯定を、詩人はこのサッカーの民衆的英雄の中に見ていたのだ。

“Mané e sonho”（「ガリンシャは夢だ」）と詩人は書いている。永遠の夢。ガリンシャの記憶が、この永遠の夢によって、日々の生活の困難を乗り越えて民衆が一つに連帯する力を与えてゆく。そしてそこには、あのラジオの実況の音楽的な声が、いつも鳴り響いているだろう。「チロリロラ　チロリロリ！」……、と。

現代ブラジルの具象詩を代表する詩人アロウド・ジ・カンポスが、民衆のイマジネーションの地平に下り立って書いた、ガリンシャへの至高のオマージュ詩を、試みにブラジルで生まれた具象詩《ポエジア・コンクレタ》風にデザインし、私訳をつけた「作品」（futebol-arte）を最後に掲げ、私たちのブラジル・サッカーへの賛歌としよう。

uma

arte de

pés e de cabeça

não de

mãos

(se excluimos o goleiro)

uma arte: levezas e grossuras

de

vôo

alto

ou

raso

e

de

áti
st
e

paradas

pelé

ge

ôme

tra

ala

do

e

garrincha

一つのアート　アロウド・ジ・カンポス

足と頭のアート
手のアートではない
（ゴールキーパーは除いて）
一つの技芸
軽々として野性的な
空高い軌道の芸術
地面を這う軌跡の芸術
あるいは瞬間の静止の技法
ペレ　翼のはえた幾何学者
そしてガリンシャ
バロックの迷宮のなか
おとりを仕掛けながらかわしてゆく
優美なドリブル
（Harold de Campos, “Uma arte”, *Poemas*, São Paulo, 1998）

あとがき

初版の『サッカー批評原論』（原題『ブラジルのホモ・ルーデンス』月曜社、二〇〇八）が世に出て一二年が経った。暦が一巡りし、サッカーの可能性と、そのすぐあとに感じたサッカーの黄昏とをめぐる一二年前の私の思索は、ますますその憂愁の影を深くしている。

サッカー、とりわけトップアスリート・レベルでの競技サッカーをとりまく環境は、いま大きな変容の渦中にある。変容、というよりは、押しとどめようのないテクノロジーの激流にのみこまれたまま、みずからの身体の存在を見失いかけている、といった方がいいかもしれない。本書を構成する文章が書かれはじめた一九九〇年代末においてすでにはっきりと見えていたその方向性は、二〇年が経って、サッカーひいてはスポーツそのもののありようを、根底から変えようとしている。スポーツする身体は徹底的にメディア化され、テクノロジーと接合したこのキメラは、ＡＩとアルゴリズムの皮相な決定論にわが身を委ねようとしているかに見える。

スポーツを観る側の人々も、もはやこの脱‐主体化されたポスト・ヒューマン的身体性をみずからの意識に知らぬまに接続し、メディア化された「従順な観衆」となって、スポーツが政治と経済と技術の帝国によって包摂されてゆく状況を傍観しようとしている。

そうした状況を批判的に考察するプロジェクトは進められるべきであろう。けれどそのようないまだからこそ、サッカーへの真のオマージュが語られる声のトーンを捨ててはいけない。たしかに全面的なオマージュと厳密な批評は、両立しえない試みかもしれない。しかし、あの未踏のサッカー・フィールド、あの未聞の祝祭に沸くスタジアムにたどり着かぬ前に、すべてを、もはや後戻りできない過去形で語るペシミズムに与することはできないのだ。だからこそ、私は本書を再編し、ふたたびこのサッカーの荒野に放とうとした。

渋谷敦志氏によって提供された本書の印象的なカバー写真（表）は、ブラジル、アマゾナス州の町サン・ガブリエル・ダ・カショエイラから舟でネグロ川を渡った中洲の島で二〇一七年に撮影された一コマである。ここで、褐色の土が広がる無定形のピッチでフチボルに興じているのは、みなインディオの少年たち。サン・ガブリエル・ダ・カショエイラは、ブラジル全土でもっともインディオの人口比率が高い町なのである。いまやコロナ・パンデミックはこのブラジル奥地の辺境にも到来し、一気に先住民たちの無防備な集落に襲いかかろうとしている。

私たちがほんとうに守らねばならないサッカーは、政治からも経済からも福祉からも見放されたような、こんな小さな戦士たちが裸足で創りだす原‐遊戯なのではないだろうか？

残照の彼方に、不意にささやかな矩形の広場がひろがり、その朝霧のピッチのなかでいまにも遊び戯れようと身構えるホモ・ルーデンスたちの小さな影を、私は信じつづけたいと思う。

参考文献一覧

渡部直己『プロ野球観戦学講座』論創社、一九八七年
——『日本プロ野球革命宣言』メタローグ、一九九七年
デズモンド・モリス『サッカー人間学』白井尚之訳、小学館、一九八三年
F・P・マグーンJr.『フットボールの社会史』忍足欣四郎訳、岩波新書、一九八五年
山口昌男「足から見た世界」『文化の詩学Ⅱ』岩波書店、一九八三年
レイモン・トマ＋ジャン＝リュック・シェノー＋ジェラール・デュレ『フランスのサッカー』山下雅之訳、白水社、一九九八年
エドワード・サイード『文化と帝国主義1』大橋洋一訳、みすず書房、一九九八年
V・W・ターナー『儀礼の過程』富倉光雄訳、新思索社、一九九六年
富山太佳夫『空から女が降ってくる』岩波書店、一九九三年
J・リーヴァー『サッカー狂の社会学』亀山佳明＋西山けい子訳、世界思想社、一九九六年
ジョゼフ・アービーナ「ラテンアメリカにおけるスポーツとナショナリズム」(Joseph Arbena, ed. *Sport and Society in Latin America*, Greenwood, 1988)
アンソニー・クレイトン「スポーツとアフリカの兵士たち——サハラ以南における西欧スポーツの軍事的拡散」(Baker & Mangan, eds. *Sport in Africa*, New York: Africana, 1987)
大島裕史『日韓キックオフ伝説』実業之日本社、一九九六年
ベネディクト・アンダーソン『増補　想像の共同体』白石さや＋白石隆訳、ＮＴＴ出版、一九九七年
ヨハン・ホイジンガ『ホモ・ルーデンス』里見元一郎訳、河出書房新社、一九八九年

中井正一「スポーツ気分の構造」『中井正一評論集』岩波文庫、一九九五年
――「スポーツの美的要素」『中井正一評論集』岩波文庫、一九九五年
ヴァルター・ベンヤミン『陶酔論』飯吉光夫訳、晶文社、一九九二年
――「シュルレアリスム」『ベンヤミン・コレクション1』久保哲司訳、ちくま学芸文庫、一九九五年
ヴィレム・フルッサー『ブラジル人の現象学』(Vilém Flusser, *Fenomenologia do Brasileiro*, Rio de Janeiro: EdUERJ, 1998)
ロベルト・ダ・マッタ『カーニヴァル、悪党、英雄』(Roberto DaMatta, *Carnavais, Malandros e Heróis*, Rio de Janeiro: Zahar Editores, 1978)
ロジェ・カイヨワ『本能』野村二郎+中原好文訳、思索社、一九九〇年
森巣博『ろくでなしのバラッド』小学館文庫、二〇〇〇年
寺山修司『書を捨てよ、町へ出よう』角川文庫、一九七九年
――『スポーツ版裏町人生』角川文庫、一九八三年
――『馬敗れて草原あり』新書館、一九八九年
――『黄金時代』九藝出版、一九七八年
――『誰か故郷を想はざる』角川文庫、一九七三年
ウンベルト・エーコ「いかにしてサッカーについて語らないでいるか」(Umberto Eco, *How to Travel with a Salmon & Other Essays*, A Harvest Book, 1995)
J・L・ボルヘス『永遠の歴史』土岐恒二訳、ちくま学芸文庫、二〇〇一年
ニーチェ『ツァラトゥストラはこう言った 上』氷上英廣訳、岩波文庫、一九六七年

*翻訳の引用は、訳書を参照しつつ原書にあたって一部改訳したものもある。

今福龍太

Ryuta Imafuku

文化人類学者・批評家。一九五五年生まれ。
一九八〇年代初頭よりメキシコ、カリブ海、アメリカ南西部、
ブラジルなどに滞在し調査研究に従事。
その後、国内外の大学で教鞭をとりつつ、二〇〇二年から「奄美自由大学」を主宰。
サッカーやスポーツにも造詣が深く、サッカー・スポーツ関連の著書に
『スポーツの汀』『フットボールの新世紀』『近代スポーツのミッションは終わったか』(共著)など。
その他の著書に
『クレオール主義』『群島-世界論』『書物変身譚』『レヴィ＝ストロース 夜と音楽』『ハーフ・ブリード』『ヘンリー・ソロー 野生の学舎』(讀売文学賞)『小さな夜をこえて』『宮沢賢治 デクノボーの叡知』(宮沢賢治賞)『ボルヘス伝奇集 迷宮の夢見る虎』など多数。

サッカー批評原論——ブラジルのホモ・ルーデンス

2020年9月4日　第1刷発行

著者
今福龍太

発行者
後藤亨真

発行所
コトニ社
〒274-0824
千葉県船橋市前原東5-45-1-518
TEL：090-7518-8826
FAX：043-330-4933
https://www.kotonisha.com

印刷・製本
モリモト印刷

ブックデザイン
宗利淳一

カバー・扉写真
渋谷敦志

DTP
江尻智行

ISBN978-4-910108-03-2

©Ryuta Imafuku 2020, Printed in Japan

落丁本・乱丁本はお取り替えいたします。
本書のコピー、スキャン、デジタル化等の無断複製は著作権法上での例外を除き禁じられています。
本書を代行業者等の第三者に依頼してスキャンやデジタル化することは
たとえ個人や家庭内の利用であっても著作権法違反ですので、ご注意ください。